「表現の自由」入門

「表現の自由」入門

ナイジェル・ウォーバートン
森村 進　森村たまき 訳

岩波書店

Free Speech: A Very Short Introduction, First Edition
by Nigel Warburton

Originally published in English in 2009.

This Japanese edition published 2015
by Iwanami Shoten, Publishers, Tokyo
by arrangement with Oxford University Press, Oxford.

はじめに

本書の目的は簡単である。私は表現の自由とは何か、そしてなぜわれわれはそれを考慮すべきなのかに関する主要な議論の批判的概観を提供したい。

第一章で私はいくつかの重要な論争と近年の事例を概観する。第二章では古典的自由主義による表現の自由の擁護の主たる特徴を概説する。第三章では、人の感情を害することに関する問題を探究する。とりわけ、宗教的信念の持ち主は侮辱に対する特別な保護を受けるべきだという提案を検討する。第四章はポルノグラフィと、検閲に賛成・反対する様々な議論に焦点を当てる。そこでは、芸術作品は検閲されないという特別な保護を与えられるべきか否かに関する議論も検討される。第五章ではインターネットが、たとえば著作権に対する既存のアプローチを疑問視することで、表現の自由に関する諸問題を転換している点を考察する。短い最終章では、表現の自由の将来に関する思索がなされる。

マイケル・クラーク、リチャード・コームズ・アンドリュー・コプソン、ステュアート・フランクリン、アラン・ハワース、ヘザー・マッカラン、キャサル・モロー、その他匿名の読者達が本書の草稿にコメントし、あるいは適切な例を提案してくれた。感謝を捧げる。とりわけデイヴィッド・エドモンズとアナ・モッツに、この一年間本書の思考に対して詳細なフィードバックと議論をしてくれ、また何種類もの草稿を厳密に読み込んでくれたことに感謝する。ＯＵＰのルチアナ・オフラーティ、ジェイムズ・トンプソン、ケイラ・ディキンソン、アンドレア・キーガンと、図版を調査してくれたデボラ・プロテローにも感謝する。

目　次

図版一覧

図 1. オリヴァー・ウェンデル・ホームズ・ジュニア
Courtesy of the Library of Congress
図 2. 2006 年 2 月，ロンドンのデンマーク大使館前，ムスリムによる抗議.
© Rex Features
図 3. ジョン・スチュアート・ミル
© National Portrait Gallery/Roger-Viollet/TopFoto.co.uk
図 4. デイヴィッド・アーヴィング
© Hans Pun/AP Photo/ Empics
図 5. 天安門広場，1989 年
© Stuart Franklin/Magnum Photos
図 6.『ライフ・オヴ・ブライアン』
© Hulton Archive/Getty Images
図 7.『ジェリー・スプリンガー　ザ・オペラ』
© Colin Willoughby/TopFoto.co.uk
図 8. キャサリン・マッキノン
© Times & Life Pictures/Getty Images
図 9. アンドレス・セラーノ『ピス・クライスト』
© Andres Serrano, Courtesy of Yvon Lambert Paris, New York
図 10. ジャック=ルイ・ダヴィド『毒杯を仰ごうとするソクラテスの図』
© Metropolitan Museum of Art, New York/ World History Archive/ TopFoto.co.uk
図 11. ナチによる本の焼却
© 2002 Feltz/TopFoto.co.uk

版元および著者は上のリストにおけるすべての過誤および脱落について謝罪する．ご連絡いただいた場合には可能な限り早い機会に喜んで修正する．

第1章　表現の自由

「私は君の言うことを徹頭徹尾嫌悪するが、しかしそれを言う君の権利を死ぬまで擁護する」

ヴォルテールのものとされるこの宣言は、本書の核となる思想を約言している。すなわち、発言されたことをあなたが嫌悪する場合でさえも、言論の自由は強力な擁護に値する、ということだ。言論の自由へのコミットメントは、あなたが聞きたい言論と同様に、あなたが聞きたくない言論をも保護するということを意味する。この原理は民主主義、基本的人権の中核に位置し、その保護は文明的で寛容な社会の指標である。

国連人権宣言第一九条および合衆国憲法第一修正は共に、表現の自由を保護する必要を明示的に承認している。

第一修正

合衆国議会は……言論の自由、出版の自由もしくは不満の解消を求めて人々が平和的に集会し、政府に請願する自由を制限する法を制定してはならない。

合衆国憲法第一修正

世界人権宣言

すべて人は、意見及び表現の自由に対する権利を有する。この権利は、干渉を受けることなく自己の意見をもつ自由並びにあらゆる手段により、また、国境を越えると否とにかかわりなく、情報及び思想を求め、受け、及び伝える自由を含む。

国連人権宣言第一九条　国際連合一九四八年

この双方には、表現の自由の原理の根本的な重要性が示されている。しかしこれはまた、保護なしにはこの自由がどれほど壊れやすいものであるか、という認識の表明でもある。おそらく第一修正の目的は、中央政府がこの領域に侵入するのを阻止することにあった。それは検閲を、あたかも政府の政策への批判を防ぐ正当な道具のように用いることに対する防波堤である。様々な反対者の言論を抑圧するために法や強制を用いようという誘惑は抗し難いものである。われわれの利益のために活動する者たちを批判し、挑戦する自由なくしては、民主主義は圧政へと堕落するかもしれない。しかし表現の自由を制限するのは政府だけではないし、また正当な保護に値するのは政治的言論だけではない。

私はいくつかの裁判例をとり上げるが、本書は人権法の書でも第一修正解釈に関する書物でもない。私の目的は表現の自由、その価値と限界に関する主要な議論の批判的概観を提供することにある。私が特定の法律を論ずるとき、それは常にそれらの法の道徳的正当化に関するより広い哲学的関心の文脈でなされている。本書全体に通底する基本的問いは道徳的なもの、すなわち、「表現の自由の価値とは何か?」また「表現の自由にはどのような制限が課されるべきか?」である。すべて人間は、自己表現を許されること、および他の人々の自由な表現を聞き、読み、見る機会を持つことに対し、利害関係がある。表現の自由は民主主義社会において、特別な価値をもつ。

すべてそうだと主張する者もあるが、表現の自由の重要性への信頼は啓蒙思想から受け継がれた教義ではない。カール・マルクスは、自由主義的権利は人類の永遠不変の利益ではなく、個人主義的ブルジョワジーの利益を温存する傾向があると考えた。私はそうは思わない。広範な表現の自由に対する権利を宣言することは、経済的であれ、政治的であれ、権力の地位にある者たちの言論保護のための便法ではない。

表現の自由は民主主義社会において特別な価値をもつ。民主政において、選挙権者たちは広範な意見を聴き、それに反論すること、また事実、解釈、対立する見解にも同様に接近することに特別の利害関係を有している。たとえそこで表明された見解が政治的、道徳的、人格的に侮辱的なものであったとしてもだ。こうした意見は必ずしも常に新聞、ラジオ、テレビを通じて直接に伝達されるわけではなく、しばしば小説、詩、映画、漫画、歌詞の中で述べられることもある。それはまた旗の焼却、あるいはベトナム反戦運動の抗議者たちの多くがしたように、徴兵カードを燃却することによって象徴的に表明されることもある。民主主義社会の成員はまた、様々な市民が上から伝達される政策の受動的受け手ではなく、政治的論争の能動的参加者であるということに利害関係を持っている。

さらに進んで、広範な表現の自由なき政府はまったく正統性をもたないし「民主的」と呼ばれるべきでないと主張する者もいる。この見解によると、民主主義は選挙と普通選挙権へのコミットメント以上のものを伴う。すなわち表現の自由の広範な保護は、その名に値するすべての民主主義の前提条件である。なぜなら、それなくして政府は真の意味で参加的ではありえないのだから。これはロナルド・ドゥオーキンの立場である。

表現の自由は正統性ある政府の条件である。法と政策は民主的過程を通じて採択されたのでない限り正統ではない。また、もし政府がこれら法と政策がいかにあるべきかに関する信念を自由に表明することを阻止するならば、その過程は民主的ではない。

もし、ある民主主義社会において、私の政治的代表者がどのように行為すべきかに関する見解を私が持っているとするなら、その点について私は、数年に一度投票用紙に記された候補者の名前に×印を記すことをはるかに越えたかたちで、それらの見解の表明を許されるべきである。

しかし、状況はまったく単純ではない。多くの表現形式には予見可能で危険な帰結がある。他の要素が表現の自由より一層重要な場合もある。たとえば国防が重大な脅威を受けているとき、あるいは子供に対する重大な危害の危険があるとき、多くの人々は、他の目的のために表現の自由をある程度制限しようとするだろう。ティム・スキャンロンが指摘したように、表現の自由はコストを伴う。

人々が言うことは侵害を惹起し、私的な情報を暴露し、有害な公的情報を暴露する可能性がある。それは何も問題でないから何をしてもいいというフリーゾーンではない。言論は問題である。

ここでの困難は、表現の自由の推定の例外を、その原理の恒常的適用によって望ましからざる検閲が許されることがないように留意しつつ、立案することである。また、容認された検閲行為の一個一個が、さらなる検閲の容認を容易にすることになりはしないかという合理的なおそれもある。こうした漸進的侵食の脅威は、一見些細な自由の制限が、表現の自由を尊重する人々からかくも強力な反応を惹き起こし得るのはなぜかという問いに対するひとつの理由である。

「言論／表現」とは何を意味するか？

本書を通じて、私は「言論／表現の自由 free speech」という語を、発話された言論(狭義の「表現speech」)だけでなく書かれた言論、演劇、映画、ビデオ、写真、漫画、絵画その他広範な表現をカバーする広い意味で用いる。言論や書かれたものに表明された思想に関するきわめて論争的な事例においては、大抵の場合、それが表現された文脈がその意味を決定する。特定の時と場においてある思想を表明する行為には予見可能なインパクトがあり、視聴者や読者はある表現を、予測される解釈をもってその文脈で意図的に伝達されたものとして理解する。同様に、映画、ビデオ、写真、スケッチ、絵画が展示される文脈は、それがどのように受容されるかに直接に影響する。ある特定の言論の自由ないし表現の自由を理解するには、その表現がいつ、誰に対してなされ、どのような効果を持つ意図をもって、あるいは少なくともどのような効果が予想可能でなされたかを正しく理解する必要がある。

すでに述べたように、思想は旗の破壊や徴兵カードを燃やすといった、公然の象徴的行為によっても表現されうる。そうした行為があるメッセージの伝達を意図することが明白である場合、そこに言語が含まれないという事実はそれを表現の例とすることを妨げない。もし、法あるいは実力によって、個々人がそうした象徴的行為を通して自らの見解を伝達することを妨げられるなら、彼らの表現の自由は制限されている。連邦最高裁判所は一九六九年に、学校で黒い腕章を着用することは第一修正の射程内にあるコミュニケーション的行為として保護されると判定した。

言論の自由は典型的には、私的な会話や浴室の鏡に向かって伝達される独白に関与する問題ではない——冷戦時代の東ドイツで反体制派の嫌疑をかけられた者に起こったように、あなたの部屋が盗聴されていない限り、ということだ。表現の自由の問題は、典型的には様々な公共の場——すなわち、書籍の出版、詩、論文、写真の公刊、ラジオ番組・テレビ番組の放送、芸術作品の製作と展示、政治的集会での演説、あるいはおそらくブログへの批判の投稿、ポッドキャストでの発言——におけるコミュニケーションに関わって生じる。フィクション、ノンフィクション双方の作家にとって表現の自由はとりわけ重要である。なぜなら彼らの活動の本質は思想を公然と伝達することであるのだから。ノンフィクション作家にとって、自分の理解するままの真実を伝達する自由は決定的に重要である。フィクションの作家にとっては、彼らが表明する思想への制限は、イデオロギー的、宗教的その他の理由であれ、彼らの創造性の核心に傷を負わせる。三〇年以上にわたり、『検閲目録(*Index on Censorship*)』誌は、こうした基本的コミュニケーションの権利を否定されてきた作家たちの例によって、何らの困難なく誌面を一杯にしてきた。世界の監獄は、告発者たちの目から見ると伝達する事柄について容認可能な限界を踏み越えた作家たちを数多く収容しており、また歴史上もっとも偉大な作家たちの多くは、思想を表現したがゆえに投獄され、拷問され、殺害すらされてきた。

「言論の自由 free speech」という言葉には、われわれが持つもっとも直接的かつ個人的な手段、すなわち声、を通じてコミュニケートする個人という観念を連想させる利点がある。「表現の自由 free expression」の方が、ある意味もっと正確だが、しかしそれは表現されている事柄がいささか主観的であるという含意をも伴う——作家たちが検閲を受けた論争的な事例の数多くにおいては、彼らがより幅広い聴衆に伝達しようとした事実に何ら主観的なところはないにもかかわらず。たとえば一九八九年の天安門大虐殺事件で亡くなった学生数が正確には何名だったかについて詳細を提供した中国人作家は、考えを「表現」したというよりむしろ事実を伝えたのだ。たとえ中国政府が彼の言論を妨害しようと、その事実は残る。

検閲はしばしば比喩的に、個人ないし集団の「声」の剝奪だと言われる。一九八八年に英国政府がシンフェイン運動リーダーのメッセージの影響力を弱体化しようとした際、ニュース放送時に彼らの言葉を俳優に語らせ、文字通り声を消去したことは意義深い。この声明は、ゲリー・アダムスやマーティン・マクギネスによって話されるより、その真実性を確信していないと思われる俳優らによって中立的なトーンで話された方が強力でないと考えられたのだ。この奇妙な方針は裏目に出た。すなわちニュースが放送される度に、シンフェイン運動のリーダーたちは一定程度言論の自由を否定されているということが、非言語的なかたちで想起されることになってしまったからだ。

ほとんど言及されることのない、言論の自由の問題のもうひとつの側面は、人々が自分の考えを表明できない、あるいはそうすることを積極的に妨害されていると感じている風潮の中では、禁止思想を内面化することすら不可能になってしまう、という点である。われわれの多くは自分の考えを聴衆、あるいは少なくとも潜在的聴衆に向かって表現することなしには、そもそも自分が何を考えているか正確にはわからないものである。大抵の思想家は自分の考えに賛成あるいは反対する他者との交流によって、自分の思想を発展させる。確かに政治犯受刑者で頭の中に詩を書いておける者はいたが、小説丸ごとや一冊の本の長さのノンフィクション作品を記憶できるのは例外的な作家だけだろう。さらに、ある種の著作は広範な調査を必要とする。つまり、国が特定の思想の表明を禁止する場合、こうした思想を説得的なかたちで表明するために必要な資料へのアクセスもまた否定されていることが典型的である。独居拘禁はきわめて効果的な検閲手段であり、反体制作家や思想家たちに対して広く用いられる。投獄、拷問あるいは死の脅威もまた、表現の触媒となる議論を抑制しうる。しかし歴史は、多くの人々がそうした脅威にひるむことなく、苦痛に満ちた死に至ることが確実な場合においてすら、あえて発言するほど勇敢であるということを証明してきた。

「自由」とは何を意味するか？

哲学者アイザイア・バーリンが自由の二つの概念、すなわち消極的自由と積極的自由を区別したことは有名である。消極的自由とは強制の不在である。誰もあなたがそうすることを制限していないなら、あなたは消極的な意味で何かをする自由がある。誰もあなたがそうすることを妨げていないなら、あなたには今立ち上がる自由がある。対照的に、積極的自由とはあなたがしたいことを現実に達成する自由である。たとえば、誰もあなたが発言することを積極的に妨げていなくても、あなたが自分の好きなように自分の考えを表明することを妨げる内面的な心理的ブロックが存在するかもしれない。バーリンの用語法では、あなたは消極的意味で自由であるが、積極的意味では自由でない。

本書で私は消極的な意味での自由に関心を集中する。言論の自由の歴史は、検閲、投獄、規制法、現実あるいは含意された暴力の脅威、焚書、検索エンジンのブロッキング、あるいはもっとも極端な場合には死刑、によって、人々がその見解を伝達することを妨げようとする試みの歴史である。しかしながら、マルクス主義哲学者の一部に――たとえばヘルベルト・マルクーゼが論文「抑圧的寛容」で論じたように――検閲の不在はこの自由が何かしら意味あるかたちで行使できることを保障しない、と主張する論者がいることは注目に値する。メディアをコントロールする者たちによって民衆一般が洗脳され操作されている社会において、言論の自由は権力者の利益に仕えうるのみであり、全体主義社会における抑圧的検閲として有効たりうるにすぎない。民衆一般の操作可能性について正当か否かはともかく、彼の解決策――「退行的運動」の検閲、とりわけ政治的右翼主義者に対する検閲――は、寛容の名における不寛容の逆説的形態である。

放縦ではなく自由

言論の自由の擁護者たちはほぼ例外なく、彼らの提唱する自由への**何らかの**制限の必要性を認識している。換言すれば、自由 liberty は放縦 licence と混同されるべきではない。完全な言論の自由は、誹謗中傷する自由、虚偽広告やきわめて欺瞞的な広告、子供に関する性的資料を刊行する自由、国家機密を漏洩する自由、その他を許容することになるだろう。民主主義にとって有益な議論を涵養することにとりわけ関心の強い思想家、アレクサンダー・メイクルジョンはこう指摘した。

自治的な人間が言論の自由を要求するとき、彼らはすべて個人は言いたいことをいつでも、どこでも、何でも言う剝奪不可能な権利を有すると言っているのではない。いかなる人間も好きなように、好きな時に、好きなことについて、好きな人について、好きな人に対して話してよいと彼らは宣言していない。

この点は重要である。望むに値する言論の自由の種類とは、あなたの見解を適当な時に適当な場所で表明する自由であり、自分に都合のよい時にいつでも発言する自由ではない。それはまた、どのような見解であれ何でも表明する自由であるべきでもない。そこには限界がある。

個々人の自由の限界に関する議論へのもっとも著名な貢献者で、第二章の主題であるジョン・スチュアート・ミルは、彼の同時代人のほとんどが快適と考えるよりだいぶ多くの個人的自由を提唱したが、言論や著作が暴力を誘発する点に限界線を引いた。彼はまた自由を求める自らの主張が、「身体精神機能の成熟した人間にのみ適用される」ことについても明確であった。パターナリズム――すなわち、誰かを**その者自身の利益のために**強制すること――は、彼の意見では子供に対しては適切であり、また、もっと異論の余地のあることに、「その人種自体が未成年期にあると考えられる、社会の後進的状態」に対しても適切であった。しかしそれは文明社会の成人メンバーに対しては適切でない。すなわち、彼らはいかに生きるべきに関して自ら決断する自由を有するべきなのである。彼らはまた、間違える自由をも有している。

オリヴァー・ウェンデル・ホームズ・ジュニア判事の、言論の自由は混雑した劇場で「火事だ!」と叫ぶ自由を含むべきではないという重要な所見は、自由に関するレトリックが優勢になる際に容易に無視されがちな重要な点をうまくとらえている。すなわち、言論の自由の擁護者たちはどこかで線引きをする必要がある、という点である。「自由」という語の情緒的な含意は、この点を忘却させるまでにわれわれの目を曇らせるべきではない。混雑した劇場で「火事だ!」と叫ぶことを誰かに許すことは、怪我あるいは死にすら至るような、観客たちの出口への殺到を招くかもしれない。また、一度のいたずらは本当の「火事だ!」の叫びへの観客たちの反応を弱めるかもしれない。ホームズはこのコメントを第一修正に関する最高裁判所判決(シェンク対合衆国、Schenck v. United States)に記した。

彼は一九一九年にこの判決を下したが、戦時に徴募された兵士たちに一万五千部の反戦ビラを印刷して頒布したという犯罪行為自体は一九一七年に起こっていた。このパンフレットは、徴兵は「ウォール街のごく少数の選民の利益のための人類に対する怪物的不正」だと宣言していた。ホームズにとって、いかなる表現も部分的にはその文脈によって、検閲が正当でありうるか否かが決定される。こうした思想の表現は平時には第一修正上の保護を受けたであろうが、戦時に表現された同じ思想はちがった取り扱いを受けるべきであり、保護を受けるに値しない。ここでは戦時の努力が深刻に被害を受けており、それゆえホームズは特別な事情は自由への特別な制約を正当化すると宣言したのである。

各々の事例での問題は、用いられた言葉が、連邦議会が防止する権利を有する実体的害悪をもたらす明白かつ現在の危険をつくり出すような状況で、またそのような性質のものとして、用いられたか否かである。それは近接性と程度の問題である。国が戦争中の時、平時に言ってよい多くの事柄は国の努力への妨害となり、それゆえ人々が戦闘中である限りその発言は許容されるものではなくなり、またいかなる裁判所もそれらを憲法上の権利によって保護されたものとはみなし得なくなるのである。

ミルと同じくホームズは、大抵の状況で言論の自由を擁護することにコミットし、明示的に真理追求の一環として「思想の自由貿易」の価値を擁護していた。しかしミルとは異なり、ホームズは真理を実利的に説明している。すなわち、「真理の最善のテストは、市場の競争の中でそれを受け入れさせる思想の力である」と、彼は主張した。ホームズは彼がアメリカ合衆国憲法の中に埋め込まれた「実験」と呼んだものについて情熱的に記し、意見を沈黙させようとするいかなる試みをもわれわれは「永遠に監視」すべきだと主張した。ただし、それらが国家への深刻な脅威とならない限り、と。それゆえ右の引用に示された「明白かつ現在の危険」テストが提示されるのである。裁判官としてのホームズは第一修正をどう解釈するかにとりわけ関心が深かった。彼の関心は法適用に対するものだった。対照的に、ミルは法的権利についてはは書いておらず、自由な言論が法または彼が多数意見の圧政——すなわち、少数意見の持ち主が社会的否認によって傍らに追いやられ、あるいは沈黙すらさせられること——と述べるものによって縮減されることは正当か否か、という道徳的問題について書いていた。

図1　オリヴァー・ウェンデル・ホームズ・ジュニア．言論の自由の擁護者だったが，それは混雑した劇場で「火事だ！」と叫ぶ自由を含まない，という意見で有名．

ミルとホームズの両者とも、言論の自由には限界がなければならず、他の何らかの考慮が時として言論の自由に対する(法的あるいは道徳的な)絶対的権利の推定を打破しうることを理解していた。戦時に生ずる特別の考慮は別にしても、広く言論の自由を維持するほとんどの法制度は、たとえば誹謗中傷的である場合、国家機密の漏洩にあたる場合、公正な裁判を著しく損なう場合、誰かの私生活への正当な理由のない重大な侵害を含む場合、著作権を侵害する結果に至る場合(たとえば、誰か別人の言葉を許可なく使用すること)、また不当広告の場合には、表現の自由を制限している。多くの国々は刊行あるいは使用してよいポルノグラフィの種類に厳格な制限を課してもいる。これらは何らかの種類の言論の自由原理を採用し、国民が自らを自由だと考えている国家によくある、言論およびその他の種類の表現の制限から選んだものに過ぎない。

どこに線を引くか?

ここまで読んできて、それでもなおあなたが言論の自由はいかなる状況においても制限されるべきではないと言いたいなら、哲学者スキャンロンによって提案された架空の事例を考えることにしよう。ある厭世的な発明家が入手しやすい家庭用製品からきわめて効果の高い神経ガスを作り出す簡単な方法を発見したとしたら、あなたはどう言うだろう? その状況なら彼がその製法を頒布したり、あるいは放送したりすることを防止するのは確かに正当だろう。この危険な発明、すなわち人類に何ら明白な利益をもたらし得ず、多くの代償を強いる可能性のある発明に関する言論の自由に対する彼の権利を擁護したがる人々はごく少ないことだろう。その発明家が彼の発明が有害なかたちで利用されることを意図していない場合ですら、この危険な情報が広く流布するのを防止することは正当だろう。もしあなたが言論の自由はあらゆる状況で擁護されるべきだと信じるなら、この事例においてすら、それは擁護されるべきだと信じなければならない。

もしこの神経ガスの発明家の事例を不自然だと感じるなら、『ヒットマン――独立請負殺し屋のための技術マニュアル』という本に関する実際の事例を考察してみよう。同書はフィクションとして書かれたとされるが、どのように慎重に人を殺し死体を処分するかに関する詳細な指針を提供している。同書は米国で一九八三年に刊行された。同書が世間の注目を集めたのは、ローレンス・ホーンが保険金目当てに息子、元妻、息子の乳母を殺害するためにヒットマンを雇った時のことである。そのヒットマンは同書の、自作の消音器を使い、至近距離で撃つなど、どのように銃の追跡を困難にするかに関する指示書きに従った。そのヒットマンには死刑判決が下され、ホーンは終身刑を科された。同書の版元に対して訴訟が提起され、版元は第一修正の弁護を用いた。本件はやがて裁判所外で和解に達した。同書の版元を訴えようとすること自体が言論の自由への攻撃だと考えた者もあったし、殺人指南マニュアルを提供する作品の一層広範な配布を防止することは、道徳的に適切な対応でありそうするのももっともだと考えた者もあった。本件の検閲を言論の自由の許容できない制限だと考えた者の多くは、同書を無責任で危険だとは考えたが、それでも言論の自由を抑制する危険のほうを懸念したのだ。とりわけ同書の情報の多くはすでにギャング映画や犯罪実録本の中で広く入手可能であるのだから。同書が暴力の直接的教唆であることが証明できれば、検閲には明確な理由が存在することになる。もし証明できないなら、これは個々人の自由の侵害に見える。

となると、「私は言論の自由に賛成です」と宣言することは、どこにその限界が存在するかに関する観念なしには相対的に情報不足であるし、ほとんどの人々にとって「私はいかなる状況の下でも絶対的に言論の自由に賛成です」ということを意味しない。しかしこの限界線を正確にどこに引くかを決めることはまったく簡単な作業ではない。その決定は、何らかの競合する価値がこの自由に優先するのはどのような場合かを決定することを意味する。シェンク事件において、戦時の国防は(回顧的に)より高い価値をもつと考えられた。『ヒットマン』の場合には、同書の刊行が危険な帰結をもたらす重大な危険があり、おそらくすでに複数の殺人を誘発したという真正の懸念が存在した。

滑りやすい坂道の議論

しかし、おそらく言論の自由の縮小のほとんどは、政府がこうした基本的自由を制限することを認めると、ほぼ不可避的に全体主義に至る滑りやすい坂道に一歩を踏み出すことになる、という理由で異議を唱えられるべきであろう。基本的人権に関する公式の宣言が存在しないため、英国は合衆国と比べこの点で脆弱かもしれない。実際、政府と、政府が合理的理由に基づいて検閲を行う能力への不信が、ある種の言論の自由原理擁護論の重要な動機になっている。しかし、第一修正のような原理の存在には、それゆえの困難もある。すなわち、ほとんどすべての原理同様、第一修正解釈学の歴史がこの憲法条項の保護する表現の自由原理の適用と限界に関する熾烈な論争によって証明してきたように、その解釈の幅はきわめて広範なのである。

滑りやすい坂道の議論による、言論の自由を保持する利点には、全体主義体制や少なくとも何かそれに近いものへの転落からの保護が含まれる。このアプローチは、われわれが言論の自由を保持すべきなのは、それに由来するよき帰結のゆえだと示唆する。しかしながら、この主張のもっと粗野なヴァージョンは容易に論駁可能である。滑りやすい坂の滑りやすさには程度の差があるし、かかとを地面に食い込ませて「ここまで。この先はダメ」ということが可能な場合もある。換言すれば、政府が国家安全保障を言論の自由よりも重視すると決定することがあるからといって、必然的にその民主政府が全体主義体制に変容することを意味しない。ここでの問題は、そうした状況下で坂道の傾斜はどれくらいになりそうかという、経験的なものである。われわれが一連の小さな動きによって、開かれた民主主義から全体主義国家へと移動可能であるという理由だけでは、開かれた民主主義からの一歩後退が必然的に全体主義に至ることにはならない。この比喩を用いて別の言い方をすると、坂道の中には滑りやすいものも、滑りにくいものも、急なものも、もっと緩やかなものもあるかもしれない。全体主義への必然的退行という主張を支持するには、経験的な証拠がもっと必要である。二番目の批判は、われわれはすでに完全な言論の自由が保護される社会とはいくぶん遠いところにいるが、それでもまだ全体主義に向かって突進してはいないように思われる、というものである。

それでもなお、この滑りやすい坂道の議論には重要な点がある。英国では二〇〇五年に英国議会議事堂の周囲半径一キロメートル以内での抗議行動を禁止する新法(重大な組織犯罪および警察法)が施行された。本法によって訴追された最初の人々の一人、マヤ・エヴァンズは、近年の侵攻以来、イラクで殺害された人々の名前を警察の許可なく読み上げた罪で有罪となった。権利章典が存在したら、政府はこの立法の強行にもっと難航しただろうし、立法不可能ですらあったかもしれない。一キロメートルの禁止ゾーンが一旦設定されてしまうと、それをたとえば二キロ、三キロと拡大すること、あるいは他の潜在的なテロリストの標的近辺で同様の法を大量に立法することがかなりの程度容易になるだろう。ここで滑りやすい坂道は必ずしも全体主義に至るわけではないかもしれないが、しかし英国に住む者たちから重要な自由を剝奪しうる。そしてこうした自由の剝奪は政治的抗議を抑制し、あるいは少なくとも弱体化しうるのである。この種の議論によると、憲法を保有する大きな価値のひとつは、こうした増幅的性質をもった法律の立法や拡大がはるかに困難になることである。

言論の自由に賛成する道具的議論と道徳的議論

大まかに言って、言論の自由を擁護するために用いられる議論には二種類ある。道具的議論は、言論の自由の保護は、個人の幸福の増加、社会の繁栄、あるいは経済的利益さえも含む、ある種の目に見える利益をもたらすという主張に依拠する。たとえば、アレクサンダー・メイクルジョンは、言論の自由の主たる価値は、民主主義が効果的に機能するために不可欠な種類の議論を促進することだと主張する。よい判断を下すためには、市民たちは多様な思想に触れる必要がある。言論の自由によって市民たちは、様々な見解を、その真理性を強く信じる人々から聞くことができる。この最後の点は重要である。つまり、反対するために反対する悪魔の代理人の役割(devil's advocate)を引き受ける人々には、自分が採る立場の真正かつ情熱的な信奉者でいる自分の姿を想像できることは滅多にないだろうから。理想的なのは、反対論者だったらどう言うだろうかと想像する人々ではなく、本当の反対論者から反論を聞くことである。

このような議論は結果に訴える。だから言論の自由が社会や個々人を何らかのかたちで利するか否かという問題への答えは、経験的である。すなわち、われわれがその答えが何かを知っているかそれとも知らないか、という正答が存在し、その答えは原則的に蓋然的結果、あるいは実際の結果を調査することで発見できる。このアプローチの裏面は、おそらくは有益と思われる言論の自由の帰結が実際には生じないことがもし証明できれば、言論の自由の保護を支持するこの正当化は消え失せてしまう、という点である。

言論の自由を擁護する**道徳的**議論は典型的には、人であるとはどのようなことかに関する概念から出発し、言論を抑制することは誰かの自律ないし尊厳——話し手であれ聞き手であれ、あるいはその双方であれ——の侵害であるという理念に至る。私が自分の見解を語ること(あるいは他者の見解を聞くこと)を阻止するのは、私が言うことから善が生じようと生じまいと単純に不正である。なぜならそれは私を自分自身のために思考し決定することのできる個人として尊重することに失敗しているからだ。このような議論は、言論の自由の保護から生ずる何らかの計量可能な帰結ではなく、言論の自由の内在的価値という観念、および言論の自由の人間の自律との関係という概念に依拠している。

今日の言論の自由

言論の自由に関する議論が現代生活に対してもつ妥当性は明白である。本の発明以来、権力の位置にある人々は象徴的な破壊行為として本を燃やしてきた。ジロラモ・サヴォナローラの悪名高い一四九七年の「虚栄のかがり火」は、この長い伝統に従うものだった。このかがり火の眼目は、持ち主を罪に導くかもしれない不道徳な書物を含む物を破壊することにあった。この主題のヴァリエーションは今日も根強く続いている。

われわれは焚書や検閲が増加する時代に暮らしており、そこでは何らかの表現行為が何百万人もの抗議者を含む国際的な対応に至ることもある。ポルノグラフィ、ヘイトスピーチ、ホロコーストの否定を規制しようという呼びかけは常にある。国家による広範な検閲が標準で、正統派以外の見解を表現しようとする試みには真正のリスクが伴う国家もある。とはいえ近年の他者の見解に対する不寛容のもっとも明確な表明と検閲を求めるもっとも声高な要求は、自分の宗教が何らかのかたちで侮辱されたと感じる者たちから寄せられている。

『悪魔の詩』とデンマークの漫画

英国において転回点となった瞬間は、一九八八年のサルマン・ラシュディの小説『悪魔の詩』の刊行への反応だった。本書は英国での刊行直後、インド、南アフリカで発売禁止となった。この小説には多くのイスラム教徒がイスラム教への深い侮辱と考える文章がいくつもあった。一九八九年の一月、ブラッドフォードのイスラム教徒たちが抗議集会での象徴的抗議行為において同書を数冊燃やした。彼らの多くはラシュディの小説は意図的に侮辱的だと考え、彼らの宗教と彼らの預言者に対する中傷と読み取った事柄に激怒したのだ。この結果、同書を攻撃、あるいは擁護する大規模な抗議集会が各地で行われた。一九八九年、ホメイニ師はラシュディに対するファトワー——本質的には、彼を殺害せよという煽動——を宣告した。宗教的権威によって承認された暴力の脅威に対抗する出版社、書店、翻訳者たちによる勇気ある行動が起こった。同書の日本語版翻訳者は殺害された。ラシュディは警察による保護を受けねばならず、安全のために身を隠さねばならなかった。それでもなお、同書は刊行されつづけ、英国その他の書店で自由に入手可能であった。

ヨーロッパは公開焚書の長い歴史を有するが、多くの人々にとって本件はフィクションのかたちで表現された書かれた思想に対する不寛容の衝撃的な証明であり、言論の自由が議論される仕方をほぼ一夜にして変容させた。しばしば抽象的な象牙の塔の論争であったものが、多文化主義的であろうとする民主主義における言論の自由の許容可能な限界はどこかに関する、両極化した議論となったのである。

この議論は二〇〇五年にデンマークの新聞『ユランズ・ポステン』が自己検閲に関する論争への貢献としてムハンマドの風刺画一二枚を掲載したとき、再燃した。そのうちもっとも議論を呼んだのは頭に爆弾をターバンにして巻きつけたムハンマドを描いたものだった。同紙の社説は宗教団体に自らの宗教感情への特別な考慮を要求させることは現代民主主義と両立不能だと強調した。多くの人々、とりわけイスラム教徒たちが、これらの風刺画を侮辱的で冒瀆的で意図的に挑発的であり、人種差別的であることは言うまでもないと考えた。この風刺画はヨーロッパ各国の新聞に転載されたが、英国紙の編集長らはそれらを掲載しないことに決定した。世界中で抗議は暴力へと至り、デンマーク大使館への放火、おそらく一〇〇名に及ぶ多数の死者をもたらした。イスラム教指導者たちは漫画家らを殺害の恐怖で脅しすらした。

二〇〇六年二月三日、ロンドンのデンマーク大使館前での同漫画に対するデモでは、「リベラリズムは地獄に堕ちろ」、「イスラムをバカにする奴を殺せ」、「イスラムを侮辱する者の首を切れ」、「表現の自由は地獄に堕ちろ」といった言葉が書かれたバナーを持ち、反デンマーク、反アメリカのスローガンを連呼した抗議者たちは、殺人を煽動し人種的憎悪をかき立てた罪で逮捕、起訴された。英国公訴局のスー・ヘミング検察官は、有罪となったウルラム・ジャブドの罪状を要約し、抗議者たちの言論の自由の権利を認めたものの、こうつけ加えた。

……ジャブド氏の言論の内容を精査したところ、その場にいた者およびメディアを通じてそれを見る者に対し、デンマーク人およびアメリカ人に対して殺害行為を行うようにとの直接的奨励があったことは明らかである。

言論の自由はこの論争において様々なかたちで表面化している。風刺画を掲載した当初の動機は、言論の自由を行使し、現代民主主義において特定の集団が犯罪を免れる特別な保護を受けるのは不適切だと強調することにあった。この漫画に対する反応がリベラリズムと言論の自由の価値への攻撃として表面化した地域もあった。また、抗議者たちが起訴されたとき、殺人および人種的憎悪の煽動として起訴したことは言論の自由の抑制であり表現された見解の性質を誤解するものだ、と主張するコメンテーターもいた。すなわち、そこに具体的な煽動行為はなく、あったのはきわめて一般的な怒り

図2 2006年2月，ロンドンのデンマーク大使館前で，デンマークの雑誌がムハンマドの風刺画を掲載したことに対して，表現の自由それ自体を攻撃する，ムスリムによる抗議.

の表明であった、と。このこと全体に通底するのは、報復の恐怖のため、イスラム批判者による広範な自己検閲が存在したという感覚である。

しかし、風刺画の掲載が意図的に挑発的であったことにほぼ疑いはない。多くの人々はこれが予測可能な帰結を伴う不道徳なあざけりだと感じていた。ここで重要な問題は、この種の挑発が常識によって制限されるのではなく、法律によって保護されるべきかどうかである。すなわち、それを保護する現行法は何らかの意味で不道徳なのだろうか。この問題については第三章で論じる。

冒瀆的と見なされる思想に対する宗教的不寛容は、決してイスラム教に限られたことではない。しかし『悪魔の詩』とデンマークの風刺画に対する反対の獰猛さは、言論の自由に関する諸問題に鋭く焦点を当てた。今日の言論の自由問題を悩ませるのは、民主主義社会は宗教信者が侮辱的と考える表現を抑制せよとの呼びかけに留意すべきか否かという問題である。それは本書の随所でかたちを変え繰り返し表面化する問題である。しかし、この問題を検討する前に、われわれは言論の自由の価値について最大の影響力をもってきた議論の文脈の中にそれを置いてみる必要がある。それはすなわち、ジョン・スチュアート・ミルが一八五九年の『自由論』の中で提示したものである。同書は短い本だが、その長さとは不釣り合いなほど大きな影響力をもってきた。

第2章 思想の自由市場？

一冊の本が言論の自由に関する哲学的論争を支配しつづけている。ジョン・スチュアート・ミルの『自由論』である。この文明社会における個々人の自由の限界に関する古典的議論において、ミルは広範な言論の自由は個々人の幸福の前提条件というだけでなく、社会の繁栄の前提条件でもあるという見解を擁護している。表現の自由なしには、人類はその発展に貢献していたはずの思想を剝奪されてしまうかもしれない。言論の自由を保護することは、誤謬や一面的な真実との衝突の中から真理が発生する可能性を最大化する。またそれは死せる教義としてその見解に固執する危険に瀕していたはずの人々の信念を、再活性化もする。

ジョン・スチュアート・ミルの『自由論』

他者の意見の効果を引き下げ、抑制する「多数者の圧政」とミルが呼んだものに対抗して書かれた

『自由論』は、広範な個性の表現に対する寛容を情熱的に擁護している。

ミルの危害原理

『自由論』のミルのアプローチにおいて一貫して中心的なのは、彼の「危害原理(Harm Principle)」である。成人した個人は、その過程で他人に危害を及ぼさない限りで、望むことを何でもする自由をもつべきである。ミルの原理は一見、平明である。すなわち、生きたいように人生を生きる誰かの自由への干渉が正当化されるのは、それが他の人々に危害を及ぼす危険がある場合だけである、と。

ミルの危害原理

この論文の目的は、用いられる手段が法律上の刑罰というかたちの物理的な力であるか、あるいは世論の精神的強制であるかいなかにかかわらず、およそ社会が強制や統制のかたちで個人と関係するしかたを絶対的に支配する資格のあるものとして、一つの極めて単純な原理を主張することにある。その原理とは、人類がその成員のいずれか一人の行動の自由に、個人的にせよ集団的にせよ、干渉することが、むしろ正統な根拠をもつとされる唯一の目的は、自己防衛(self-protection)であるというにある。また、文明社会のどの成員に対してにせよ、彼の意志に反して権力を行使しても正当とされるための唯一の目的は、他の成員に及ぶ害の防止にあるというにある。人類の構成員の一人の単に自己自身だけの物質的または精神的な幸福は、充分にして正当な根拠ではない。ある行為をなすこと、または差し控えることが、彼のためになるとか、あるいはそれが彼を幸福にするであろうとか、あるいはまた、それが他の人の目から見て賢明であり或いは正しいことであるとさえもあるとか、という理由で、このような行為をしたり、差し控えたりするように、強制することは、決して正当ではありえない。

『自由論』第一章から〔岩波文庫二四ページ〕

ミルの行ったこの原理の究極的擁護は帰結主義的なものだった――それは個々人の自由を保護し、多様性を許容することで、社会は幸福を最大化できるという信念に基づいていた。換言すれば、これによって最小ではなく最大の帰結がもたらされる。なぜならそれは天才がもっともよく発展する条件を提供するからである。この原理を遵守する利点は、それが人類の繁栄と進歩のためにもっとも望ましい条件を提供するところにある。他人の干渉によって抑制されたら、多くの人々は自らの潜在性を十全に発揮できないだろう。彼らの自己発展は阻害される。これは誰にとっても悪いことだろう。ミルにとって、われわれは人間として自らに指図するものである。

人間性は、模型に従って作り上げられ、あらかじめ指定された仕事を正確にやらされる機械ではなくて、自らを生命体となしている内的諸力の傾向に従って、あらゆる方向に伸び拡がらねばならない樹木のようなものである。

〔岩波文庫一二〇ページ〕

すると彼の究極的な自由の正当化根拠は、それがわれわれ一人一人とわれわれ全員の幸福に最もよく仕えるということである。彼はまた他者はわれわれの発達に決定的な発言権を持つべきではないとも信じていた。たとえそれが本人自身のための考慮に動機づけられていたとしてもである。われわれはいかに生きるべきかを言い聞かされるよりも、間違える自由をもつべきなのだ。しかし、言論の自由はリベラルな原理が適用される別の場というだけではない。ミルにとってそれは真理と人間の発達との関係ゆえに、格別に重要なトピックだったのである。

ミルの議論

『自由論』の第二章、「思想および議論の自由について」でミルは、抑圧的な政府の干渉からだけでなく、社会の圧力から言論の自由を保護するためのいくつかの関連した議論を開始する。それらすべてに通底するのは、(a)真理は価値がある、(b)誰かが真理を知っているとどれほど確信していようとも、彼の判断は依然として誤っている可能性がある。つまり、彼は間違っているかもしれない。ミルにとって、思想の自由市場は最善の結果、すなわち真理の出現と誤謬の排除を達成する可能性を増大させる。真理はわれわれにとってよいものである。さらに、異なった側からの意見との活発な論争の過程は、それがなければ無思考に保持していたであろう見解を再活性化させるのである。

言論の自由の制限はこの過程を脆弱化させる傾向があり、それゆえ、より劣った結果をもたらしがちである。言論の自由の限界は、他者への危害を誘発する時点に置かれるべきである。広範な言論の自由を許容することから得られる社会と個人にとっての利益はきわめて大きい。それを抑圧するコストは甚大である。

ミルは、少数意見はそれを有する者が少ないからというだけで沈黙させられるべきではないということにとりわけ関心を持っていた。流行らない理念は、たとえそれを持つ者が一人だとしても、人類全体のために潜在的価値を持っている。

> 仮りに一人を除く全人類が同一の意見をもち、唯一人が反対の意見を抱いていると仮定しても、人類がその一人を沈黙させることの不当であろうことは、仮りにその一人が全人類を沈黙させうる権力をもっていて、それをあえてすることが不当であるのと異ならない。
>
> 〔岩波文庫三六ページ〕

彼の理由づけはこうだ。もしその見解が正しいなら、人類は真理を誤謬と交換する機会を失うことになる。しかし、もしその見解が誤っているなら、われわれは誤謬との衝突を通じて真理を再補強する機会を失うこ

図3　ヴィクトリア時代の哲学者ジョン・スチュアート・ミル．その『自由論』(1859年)は表現の自由の古典的な自由主義的弁護を含んでいる．

とになる。すべての意見は真理であろうがなかろうがわれわれにとって価値を有する。なぜなら、誤っているとはいえ、それは真理を補強し、真理の出現に貢献するからである。

無謬性の議論

その者の意見が誤っていると信じるがゆえに他の誰かを沈黙させる者は、誰であれ無謬性を前提としている。彼らはその問題について自分が正しいことを絶対的に確信していなければならない。これがミルが示唆することである。しかし、ミルが指摘するように、確実さに関する心理的状態は、われわれが確実だと思っている事柄が真理だということをまったく保証しない。個人として、われわれは完全に異論の余地がないと思う事柄についてすら、誤りを犯す。集団的には、すべての時代は事実に関する根本的な誤りを犯してきた——たとえば地球が太陽の周りを回っているのかどうかとか、疾病や飢饉の原因についてとか。ガリレオは正しかったが、彼を沈黙させた人々は彼が間違っていると絶対的に確信していたのだ。

別のレベルで言うと、多くの宗教の信者は特定の神が存在することを自分たちは知っていると感じている。彼らは生活のすべての基礎を、この知識とされるものの上に置いている。しかし異なった宗教の異なった神々はすべて存在できるわけではない。多くは相互に両立不能である。たとえば一神教と多神教は両方とも真理ではあり得ない。これは論理的必然である。また、キリスト教の神とイスラム教の神の双方は存在し得ない。この二つの宗教が彼らの神の性質について重大な誤解をしていない限りは。しかしキリスト教徒とイスラム教徒は、自分は特定の神の存在を真に知っているという感覚を同じくらい持っているかもしれない。ミルの見解によれば、人間はあらゆる種類の信念について誤りを犯しやすいので、絶対的無謬性を前提とすべきではない。

かくして、意見を沈黙させる者たちがするように無謬性を前提するのは誤っているとミルは結論づける。しかしあなたは、ある事柄についてはこの反論を心配しなくてよいだけの十分な確実性がある、と考えるかもしれない。ミルの対応は、自分たちに真理があると前提して反対する声を抑圧したり避けたりすることは、公然と反論されながらも無傷の、あるいはさらに強力になった見解をもつこととはまったく異なる、というものである。一つの見解を批判的吟味に付す過程は、それがわれわれの目的にとって十分確実だとする妥当性の立証に必要な過程である。

ミルにとって正統派の意見に反論する自由は知的発達と進歩の条件でもある。威嚇的な雰囲気や、異端的見解を表明することに明示的ないし黙示的な危険が伴う雰囲気の中では、勇敢な者だけが声を上げることになる。もっと小心な者は何らかの考えをもちながら、表現を遮断されており、彼らの精神的発達はそれに対応して妨げられる。権威者が不道徳な意見を表明する者たちを沈黙させることは正当化されるという主張は、やはり人類の進歩を阻害する危険な無謬性の前提を含んでいる。ミルは古代ギリシャで不信心だと告発されて死刑に処せられたソクラテス、またユダヤで当局が不道徳な教えだと考えた事柄ゆえに死刑に処せられたキリストの例を挙げる。どちらの例でも裁判官の無謬性の前提は時という試金石には耐えられなかった。歴史はソクラテスとイエスはどちらも聞くに値し、どちらの思想も議論に値すると判断している。

ミルにとって、自分自身の可謬性の認識は、その者を真剣な思考者とすることに寄与する。自分には確実と思われる問題ですら間違っているかもしれないと人々が認識する時、人間の知識は前進する。知恵とはわれわれと意見の異なる人々に対して開放的でいることである。われわれの思想が批判にさらされ、すべての反論が考慮されてはじめて——必要ならば、それらの反論を探し出してはじめて——われわれは自分の判断が他者の判断よりもすぐれていると考える権利を有するのである。

死せる教義の議論

ミルは真理とされるものに異議を唱えることの許容を強力に擁護する。私が自分の意見を真理だと信じており、その真理性について大いに自信があるとしても、それが「完全に、頻繁に、恐れることなく」議論されない限り、私はそれを死せる教義、ありきたりの、無思考の反応として保持することになってしまうだろう。ミルはわれわれの信念は一種の迷信として護持されるべきではないと断固として主張した。そうではなく、それらは生きた真実、反論された時には擁護することができ、もし適切ならば行動に至るかもしれない真理たるべきなのである。もしあなたがある主張の自分側のことしか知らないなら、あなたの信念は不適切である可能性が高い。あなたは自分の立場の反対論を論破できる必要がある。さもなくば、その信念がたまたま真理であったとしても、あなたがその信念をもつことは正当化されない。

これは人間であるとはどのようなことかに関する、そしてまたわれわれの信念がたんなる他人からの貰い物でなく自分のものであるために、こうした信念を考え抜くことの重要性に関する、ミルの洞察の一部である。われわれの信念は正統派の言葉を鸚鵡返しするだけのものであるべきではない。賛否両論を十分検討した後の信念でない、傾向性に由来する信念は、われわれにとってほとんど価値がない。可能な場合にはどこででも、われわれはわれわれに反対する者たちと関わりをもち、彼らと議論、論争し、彼らの側の見解を聞き、なぜ彼らがそのような見解をもつのかを理解すべきである。ミルは実際の論敵がいない場合、自分の見解に反対する悪魔の代理人を自分ですることすら勧めている。さらに、ある見解を信じる理由につねに異論が唱えられない場合、その理由が消滅し、同時にその見解の意味も失われてしまう危険性が高いとミルは信じていた。その結果、以前には生きた信念があった場所には、ただその意味の抜け殻が残るだけになるだろう。その思想の重要な大部分は失われてしまう。それは人類にとって損失であろう。

言論の自由の価値に関するミルの見解

もしも意見が、その所有者にとってのみ価値をもっているに過ぎない個人的な所有物であると仮定する、また、もしも意見の享受を妨げられることが、単に私的な災害であるに過ぎないと仮定するならば、その損害が単に少数の人に加えられるに過ぎないか、それとも多数の人に加えられるのかということには、多少の相違があるであろう。しかしながら、意見の発表を沈黙させることに特有の害悪は、それが人類の利益を奪い取るということなのである。すなわち、それは、現代の人々の利益を奪うと共に、後代の人々の利益をも奪うものであり、また、その意見を懐抱している人々の利益を奪うことはもとより、その意見に反対の人々の利益をさらに一層多く奪うものである、ということである。

〔岩波文庫三六―三七ページ〕

ミルによると、そうであればこそわれわれは思想があらゆる立場から積極的に議論される状況を保持すべく努力すべきなのである。さもなくば、われわれは最終的にこうした理念の意味を破壊する一種の心理的沈滞に陥る危険がある。われわれは再断言の眠たい世界を避け、独善を挑発的な議論と取り替えなければならない。われわれの見解への反対論なしには、われわれは思考者としての活力を失ってしまう。そしてそのことはわれわれにとって悪いだけでなく、社会全体にとってもまた悪いことなのである。進歩は片方の側のみが演壇への排他的アクセス権を持つことではなく、洗練された理念の闘争を通じて達成される。ミルが望んだのは独白ではなく、よいセミナーでの白熱した議論である。人が最も大切にする信念に対する真剣な挑戦という再活性効果なくしては、われわれはよくリハーサルを積んだ怠惰な解説者になってしまう危険がある。彼が言うように「戦場に一人の敵も存在しなくなるや否や、教える者も学ぶ者も共にその持ち場で眠りはじめるのである」。この点において彼は実に正しい。

部分的に真である議論

ミルが用いたさらなる議論は、大いに誤った立場の中にも真理の要素が存在するかもしれないというものである。その立場に耳を傾ける者がいなければ、その真理の要素は失われてしまう。たとえば、ミルは一八世紀の文明、科学、進歩に関する啓蒙的楽観主義を背景に、文明は必ずしも質朴な生活より優れているわけではないというジャン゠ジャック・ルソーの見解は重要な衝撃をもったと指摘する。ミルはここでルソーの『人間不平等起源論』に表明された、発展した商業主義社会内でいかに人間性が様々なかたちで頻繁に堕落するかに関する考察に言及している。この考察は後年カール・マルクスにインスピレーションを与えた。ミルが考えるところ、ルソーは全面的に正しかったわけではないが、進歩の果実しか見えない盲目的な著者たちが見過ごしたいささかの真理が彼の立場にはあったのだ。ルソーの見解が社会に対してもつ利益は、それが部分的に正しい、というところであり、それが公表されたことで、たとえ結論が全面的に誤っていたり誇張されすぎていたとしても、後の著者たちに素朴な楽観主義を避けるよう刺激するし、ルソーの死後もそうあり続けているのだ、と。

むろん、だからといってミルの主張から、絶対的にありとあらゆる表現行為があらゆる予測可能な状況で許容されるべき(あるいは奨励すらされるべき)だということにはならない。しかし、もし著者や読者が言われたこと、書かれたことによって気分を害したとして、とりわけその言い方によってそうであったなら、それだけでは検閲の十分な理由とすべきではない、という点についてミルは明確である。彼が理解するところ、ある大切にされている考え方を強力に攻撃した者は誰でも、その考え方の持ち主からは不快だと認識されがちである。とりわけその挑戦を論駁する簡単な対応が存在しない場合には。しかしミルは、一般的に、考え方を提示する際には一定の穏健さが望ましいことを認めてもいる。

ミルが許容可能な言論の自由の限界の線引きをするのは、それが他者への危害を誘発する時点である。心理的な危害や経済的な危害ではなく、身体的危害である。彼は大抵の場合、言論および他の思想表現行為には行動よりもはるかに大きな寛容が与えられるべきだと明言している。しかしこれにも限界がなければならない。ある思想の表明が「何らかの人を傷つける行為」の誘発行為を構成する場合、その表現行為は彼の危害原理によって禁止される。ここでミルが挙げた有名な例は、穀物商人が貧民を飢えさせていると書き手が主張する新聞記事と、同じ見解が穀物商人の家の外に結集した怒れる群衆に向けて話された(あるいはプラカードのかたちで表明された)場合との対比である。前者はたとえその見解が虚偽や不道徳であろうと公開の論争に入ることを許されるべき論争的な意見である。後者はそうした状況においては危害誘発行為であり、ミルが『自由論』で一貫して擁護し、適用してきた一般的な危害原理により禁止される。表現の文脈が、それが暴力の誘発だと説得力をもって考えられるか否かを決定するのだ。自宅の表で話者が怒れる群衆を煽動するのを聞いている穀物商人には、命の脅威を感じる理由がある。他方、朝食を食べながら新聞で記事を読んでいる同じ人物は、強く異議を唱えるかもしれないが、ある観点の過激な表現によって生命の危機を覚えることはまったくないだろう。

現実生活において、ことはそう単純ではない。声高な意見が危害の誘発に変わる時点が明瞭であることは稀である。また、今日の多くの著者たちは、心理的な危害も身体的危害と同様に人身に被害を及ぼしうることを認めており、それゆえ身体的危害のみに注目する傾向をミルよりは緩めている。これは次章でヘイトスピーチを論ずる際に立ち戻るトピックである。これによって、許容できる言論と許容できない言論との間の線をどこで引くかという問題は、はるかにもっと複雑になっている。

ミルの議論は今日どれだけの妥当性をもつか？

ミルの主張に対する根本的な反論は、それが言明の真偽に不適切なほど拘泥しているというものである。これまで見てきたように、ミルにとって議論が起こるアリーナのモデルは、双方の側の意見が穏健に述べられ、誤謬との衝突から真理が勝利し活性化されて立ち現れる、理想化されたアカデミックなセミナーのようなものである。この拡大的セミナーの利点は、あらゆる問題において真理に接近することであり、そこでは必要とあらば参加者たちは悪魔の代理人役を引き受け、その思想の限界をテストすることを厭わない。しかし人生はセミナーではない。そして問題なのは真理だけではない。言葉や他の表現も重大な帰結をもつのであり、また誰もが学者たちが論争点を議論するように（あるいは彼らがそう主張するように）言葉を用いるわけではない。ミルの洞察は言論の自由を巡る今日の争いにおいて典型的に起きることを捕えてはいない。

ホロコーストの否定

しかしながらミルの議論は、ホロコースト否定の問題、とりわけ現在では信用失墜している歴史家、デイヴィッド・アーヴィングが歴史家デボラ・リプシュタットを訴えた、画期的な名誉毀損裁判に光明を投じる。一九九四年に刊行された『ホロコーストを否定する』において、リプシュタットはアーヴィングに、「ホロコースト否定論の最も危険な論者の一人」として言及した。同書の刊行後、アーヴィングはリプシュタットと彼女の英国内の版元であるペンギンＵＫを名誉毀損で訴えた。英国の名誉毀損に関する法律では、証明責任は原告ではなく被告側にある。

デイヴィッド・アーヴィングについてデボラ・リプシュタットの言ったこと

アーヴィングが異議を唱えたのは以下の記述である……

「アーヴィングはホロコースト否定論の最も危険な論者の一人である。歴史的証拠においてはおなじみの手法だが、彼は自分のイデオロギー的偏向と政治的方針に一致するまでそれをねじ曲げる。彼は英国の大衰退がドイツとの交戦を決意したことによって加速されたと確信する人物であり、正確な情報をいとも易々と変形し、自らの結論を裏付ける。『ニューヨーク・レヴュー・オヴ・ブックス』に掲載された彼の近著『チャーチルの戦争』の書評は、証拠にダブルスタンダードを適用する彼の熟練を正確に分析している。彼はドイツの有罪立証には「絶対的な文書による証明」を要求するが、連合国側を非難する際にはきわめて状況的な証拠に依拠している。これはアーヴィングの戦術だけでなく、ホロコースト否定論者一般の正確な描写である」

これはすなわちアーヴィングをホロコースト否定論者とするリプシュタットの評価が正確であったことを、リプシュタット自身が証明しなければならないことを意味する。アーヴィングの主張に反論する決定的証拠を収集する過程は、複雑で時間のかかるものであった。それは公文書館やアウシュビッツの訪問までも含む数年に及ぶ調査となった。やがてリプシュタットの弁護人は彼女の主張の正当性を裁判所において証明した。裁判官は「アーヴィングがホロコースト否定論者であることに議論の余地はない」と宣言し、彼女は完全勝利を収めた。裁判官はさらに、次のように述べた。

アーヴィングの歴史的証拠の取り扱いはあまりにも強引かつ悪質であり、軽率な不注意であったとする同人の主張を受け入れるのは困難である。

さらに、

同人は意図的に証拠を歪曲し、自らの政治的信念に適合させている。

この事件は真理の問題に火を点けた。問われていたのは歴史上の事実に関する問題であった。第二次世界大戦中に何百万人もの人々がガス室で殺害されたのは真実なのだろうか、真実ではないのだろうか？　デイヴィッド・アーヴィングがホロコーストに関する真実を意図的に歪曲したというのは真実なのだろうか？

リプシュタットはアーヴィングのホロコースト否定論に反論と反証で応えた。対照的に、アーヴィングはリプシュタットと学術的に詳細を議論しようとはせず、彼女を沈黙させるために法の強制力を用いた。幸いリプシュタットと彼女の出版社であるペンギンは文書誹毀訴訟に対抗する適切な証拠を収集できる立場にあった。しかし、こうした立場に置かれた多くの作家や出版社は、多かれ少なかれ裁判所外の和解を余儀なくされたことだろう。出版社の中には、また訴訟提起すると脅されることを恐れ、裁判前にアーヴィングに批判的な本を刊行することを嫌がったところもあると言われる。かくして裁判所において、反論と反証がアーヴィングの主張を打ち破ったのである。

本件訴訟の副産物は、ホロコースト史研究者たちが、それ以前よりもホロコースト否定論者に対抗する証拠にはるかに詳細な記述を割くようになったことである。この分野に論敵が存在することは、まさしくどのようにナチがホロコーストにおいて組織的な殺害に着手したかに関する、より決定的な証拠探求に注目し、再活性化するのに十分だったのである。副産物のもうひとつは、アーヴィングが証拠につけ加えた極端な「解釈」のいくつかをもっと世に知らしめたことであった。たとえば、『裁かれる歴史』で、リプシュタットは一九九一年にアーヴィングがカルガリーで行った演説を引用した。この演説は法廷で朗読された。

「アウシュビッツについて上品でいられる理由を私は見いだせません。それはバカげたたわ言です。それは伝説なのです。それが野蛮な奴隷労働収容所で、数多くの人々が実際に亡くなった、戦時中に他所で無辜の人々が亡くなったのと同じくらい多数が、という事実を認めたなら、残りのたわ言をどうして信じなければならないのでしょう？　実際下品な言い方をさせていただくと、チャッパクィディック島でエドワード・ケネディの車の後部座席で亡くなった女性の数の方が、アウシュビッツのガス室で亡くなった人の数よりも多いのです。下品と思われましたか。ではこう言ったらどうでしょう。アウシュビッツの生存者が多数活動しており、実際、その数は年々増えている。これはごく控え目な言い方をしても、生物学的にたいへん奇妙なことです。なぜなら私はこういう協会を結成しようとしております。アウシュビッツ生存者協会、ホロコースト生存者とその他の嘘つきたち(Associationof Auschwitz survivors, survivors of the Holocaust and other liars)すなわち、ケツの穴野郎たちＡＳＳＨＯＬＳです」

裁判後、アラン・ダーショヴィッツはこう書いた。

ほとんどの自由主義民主社会において虚偽で侮辱的な言論がなぜ許されるのかの理由は、悪い言論に対する最善の答えは良い言論であり、検閲ではないからに他ならない。

これは本質的に言論の自由が言論の制限よりも価値が高いということに関するジョン・スチュアート・ミルの主張の一つである。本件においてアーヴィングは、リプシュタットを訴えることによって、彼の最も侮辱的で誤った言論が一つ一つ詳細な証拠によって裏付けられてゆく、裁判官を判定者とする公開のフォーラムを提供したのである。

アーヴィング裁判には言論の自由の問題にさらに光明を投じるエピローグがある。オーストリアには第三帝国によって犯された犯罪の最小化を禁止する法律がある。二〇〇六年、ウィーンを訪問中に、

図4　信用失墜した歴史家から言論の自由の殉教者へ．オーストリアで収監される直前のデイヴィッド・アーヴィング．

デイヴィッド・アーヴィングは同法に基づき逮捕、収監された。ミルの『自由論』の主張の観点からすると、このような法律は真理追求にとって有害である。ミルにとって思想の自由市場においては、誤った見解にすら果たすべき役割があることは明白だった。虚偽を述べる者を沈黙させたなら、われわれは教条主義的になる危険、理解せずに信じ込む危険、あるいはわれわれの信念を支持する証拠に対して熱狂的になる危険を冒すことになる。また、こうした誤った信念が、公然と論駁されるのではなく抑圧されている、という事実それ自体によって信用性を増す危険もある。オーストリア法はアーヴィングを言論の自由の殉教者めいたものに仕立て上げてしまった。彼の見解が公開の場で反論され決定的に論駁されたロンドンの裁判の方が、はるかに良好な帰結をもたらした。特定の歴史解釈を阻止する法律は明らかに言論の自由とは対極的である。また、こうした法はそれによって沈黙させられた者を不用意に賛美することになるかもしれない——これは望ましい効果ではまったくない。

真理ではなく尊重を

ホロコースト否定論は現代の多くの言論の自由問題とは異なっている。ホロコースト否定論に関する関心は事実、すなわち過去の事象に関する特定の言明が真か否かにある。しかし今日、対立の多くは意見や真偽ではなく尊敬と侮辱性の問題を中心にしている。たとえば、二〇〇四年にイギリスのバーミンガムで、脚本家ガープリート・カウアー・バッティ作の演劇『ベーツィ（Behzti「不名誉の意」）』の初公演が、同作を侮辱的だと考えるシーク教徒の暴徒によって妨害された。同作の筋書きはシーク教の寺院グルドゥワラで起こった性的虐待行為と殺人行為を中心としている。そこでは描かれたことが真か偽かは問題でなかった。同作の反対者たちを不快にさせたのは、それがグルドゥワラの神聖性に対する尊敬を欠いていたことである。これは宗教団体の、小説、演劇、映画における聖像や聖地の冒瀆的描写と考えられる描写に対する普通の反応である。それは真理の問題ではなく、宗教（その他の）団体がそうしたトピックの不適切な取り扱いをきわめて侮辱的と考えるという理由で、著者が立ち入り禁止となるトピックや場所が存在するべきか否かという問題なのである。

ミルならばおそらく、人類にとって利益となるかもしれない見解を表明しているかもしれず、それを前もって判断するのは間違っているという理由で、同劇の上演を擁護したことだろう。さらに、演劇の間接的な検閲は直接他者に危害を与えはしないものの、劇作家が本人の選択した人生行路を辿る

図5 天安門広場 1989 年．政府の腐敗に勇敢な学生が異議申し立てしている．この直後，中国軍は抗議者に対し発砲し，多数を殺害した．インターネットおよび他のメディアの検閲により，今日の中国人の多くは何が起こり，彼らの政府がどう対応したかをいまだ知らない．

能力に重大な制限を加える。しかし言論の自由に関するミルの一般的態度は、ここでまさに問題となる点、すなわち特定のシンボルの神聖性といわれるもの、に対しては鈍感である。神聖さこそが、それを尊重しない表現を阻止しようとする宗教的に動機づけられた試みにおいて繰り返される主題なのである。

ある制度下における検閲の更なる理由は、検閲された思想が実際に真であるからかもしれない。これはミルが『自由論』で検討していない点である。誤った見解は強力な政府にとっては相対的に無害なのかもしれない。しかし、たとえば一九八九年の天安門広場での政治腐敗抗議（そして民主主義擁護）者たちが大量殺戮され投獄されたという情報は中国じゅうに広まったが、これは政治的反乱の引き金になったかもしれなかった。このことが中国政府が何社かの西側のインターネット・サーヴィス・プロヴァイダー(ISPs)の助力を得て、中国のインターネット検索エンジンで閲覧できる事柄を検閲した正当化理由であったかもしれない。換言すれば、検閲は無謬性を前提としているというミルの主張はここでは問題ではない。本件で検閲がおそらくしたことは、多数の人々が事件の真実を知るのを阻止することで、彼らが心から偽だと信じている見解を検閲することではなかった。この文脈で危険だと考えられたのは真理(あるいは真理への接近ですら)であったのだ。

より一般的に、すべての表現形態は真か偽でありうる事実を表明しているというミルの黙示的前提から一旦離れてみれば、彼のアプローチの限界が一層明らかになる。たとえば後章の主題となるポルノ画像の検閲に関する論争は、典型的には描かれた事柄の真偽に関する論争ではない。ハードコアビデオ・ポルノグラフィはカメラ前で遂行された行為の正確な再現を目指している。男性が目に見えるかたちで射精する「カムショット」は、ここでは真正の興奮のしるしである。それは演者たちは演技中の行為に影響を受けないまま一連の振り付けされた動きを遂行しているのではないか、という疑念を一掃する。それは真理を内包し、事実の外延を示す写真の記録能力を利用している。ミルの議論がここにどう適用できるものか、理解するのは難しい。ポルノグラフィが、たとえば女性(あるいは男性)の性行為への利用可能性、あるいは一部のフェミニストなら主張するように、すべての女性が性的隷属を欲しているという誤ったメッセージを伝え、強姦のような犯罪を直接的に奨励するといった、一般的立場を主張すると考えるのでなければ。そのような場合には、そうした一般的主張は具体的事例を通じて伝達され、一部は全体のためになる。

「演壇ノー」の議論

言論の自由および真剣に表明された誤った見解の価値に関するミルの見解からは、われわれは自分が強く反対する者たちのために論壇を提供するよう積極的に努力すべきだ、ということになりそうである。これはわれわれの見解の最も強力な試金石、すなわち真剣に保持された謬見と衝突させる公開的な方法である。ミルに触発されたかどうかはともかく、この方向で主張する者はいる。たとえば、二〇〇七年に言論の自由をテーマにオックスフォード・ユニオン・ソサエティで行われたディベートにおいて、ユニオンの会長であるルーク・トリルは、いかに不快であろうとも、適切な討論にとってすべての見解を聞くことは重要だと主張し、(英国国民党の)ニック・グリフィンとデイヴィッド・アーヴィングを彼が招待したことを正当化した。

多くの人々はこうした論者に演壇を与えないことに強力な賛成論が存在すると信じている。これはオックスフォード・ユニオン・ソサエティへの招待のような、文字通りの演壇であるかもしれないし、名声ある新聞紙上に紙面を与えられるとか、ラジオやテレビ番組で私見についてインタヴューされるといった比喩的な演壇であるかもしれない。「演壇ノー」の立場をとる者(たとえば「人種差別主義者に演壇を与えるな」あるいは「ホロコースト否定論者に演壇を与えるな」といったかたちでの)は、こうしたコミュニケーション手段、しばしば立派だというお墨付きを含意するコミュニケーション手段へのアクセスを許すことで、こうした人々に信頼性を与えるのは道徳的に間違っていると主張する。

たとえば、アーヴィングをユニオン・ソサエティに講演者として招待することは、彼の学術的歴史家としての信頼性を支持し、彼が本来受けるべきであるよりもっと真剣に受け取られることになるかもしれない。

他方、アーヴィングを招待した人々は、オックスフォード・ユニオンは異論の余地ある講演者を招待する長い歴史を持っていると強調した。たとえば過去にはマルコムXが招かれている。また、この演壇に招待することは何であれ講演者の見解への支持を意味しない。講演者はしばしばある重要な論争への知的貢献の可能性より、悪名の高さゆえに選ばれるのだ、と。

同様に、ある動物学の会合で、組織委員会が「若い地球創造論者 Young Earth Creationist」、すなわち生命の起源の文字通りの説明として聖書を理解する者に、名声の高い科学者たちと並んで演壇から話すことを許可するのは不適切だと決定するのはもっともかもしれない。なぜならこのことはその若い地球創造論者の見解が科学的に尊敬に足るものだということを含意するように思われ、また彼らは明らかにそうではないからだ。リチャード・ドーキンスはこの問題について、科学者の同僚からの皮肉に満ちたコメントを引用している。創造論者が彼を進化の証拠に関する公式の討論に招待する時はいつも、その科学者はこう答えるのだそうだ。「そちらの業績一覧には結構なことかもしれませんが、当方にはさほどでもないのですよ」

「演壇ノー」見解の変形版はデボラ・リプシュタットが採用するものである。彼女はホロコーストに関するアーヴィングの見解のごく細部に至るまで逐一反論できる能力を備えた数少ない人物であるにもかかわらず、公開の場に彼といっしょに登場することすら、彼にふさわしくない信頼性を与えるという理由で、アーヴィングとの討論の場に現れることを拒否した。この場合、リプシュタットが健全な知的廉直性を備えた学術研究者としてアーヴィングと並んで登壇することは、彼が歴史家として真っ当であることを間接的に支持するに等しい。つまり、彼は一次資料について体系的なごまかし行為をしたことが証明されたのだから、彼の信頼性は全面的に崩壊した。彼と何であれ関わり合いをもつことは、彼の研究者としての地位回復と見なされる可能性がある。

演壇ノーの議論を他の関連した現象と区別することは重要である。第一に、演壇ノーの議論は完全な検閲ではない。私はあなたが自分の見解を放送する法的権利を持つことを、それを放送する手段をあなたに提供する何らの義務なしに、信じることができる。とりわけインターネット時代にあって、われわれのほとんどは広い聴衆に向けて自らの見解を表明する方法を見つけることができる。完全な検閲は特定の見解を表明することをすべて阻止しようとする。演壇ノーの議論は、話し手が自らの見解を述べる演壇を提供することで間接的に話し手を支持することを回避しようとするものである。

演壇ノーの議論は寛容のみが寛容に値するという見解、すなわちわれわれには他者の言論を制限しようとする者たちの言論の自由を保護する義務はないという見解とも区別されるべきである。この種の議論は、誘惑的ではあるが、「言論の自由」というラベルに値しない。それは一種の検閲に行き着く。言論の自由を求めるミルの議論は、不寛容な人々の主張を聞くに値しないとは言わないだろう。不寛容な人々が多くの論点において真理を語ることは大いにあるだろうし、彼らの見解は真理の要素を含んでいるかもしれない。演壇ノーの議論は、特定の人々に演壇を与えることで間接的にわれわれが何をしているかに関する議論であり、話者の不寛容に対する罰として絶対的に演壇を与えないものではない。

ミルの言論の自由に関する意見は、たとえその見解があなたにとって嫌悪すべきものであったとしても、極端主義者を公開の討論に参加するよう招待することを正当化するように思われる。しかし、ミルは帰結主義者として、時にきわめて広範囲に及びうるそうした招待の副次的効果に対しても敏感であったろう。彼はまた話し手の表現が暴力の誘発にあたる時点で、きわめて明確な線引きをしたことだろう。

しかし誰かがより広い聴衆にメッセージを伝えるために報道やテレビを利用することを繰り返し阻止されるなら、それは非公式な検閲のように見えてくる。もしその帰結が、その人物の考えが公然と表明されず、批判的吟味に委ねられない、ということであるなら、それは不幸な結果であろう。

第3章　感情を害する、害されること

近年繰り返される常套句は、言論の自由は責任をもって行使された時にはじめて真の言論の自由となる、というものである。他者の感情を害する行為は言論の自由原理によって保護されるべきではないと主張する論者もいる。換言すれば、誰かがある個人や集団の感情を害そうと試みた(あるいはうっかり軽率にそうしてしまった)場合、彼らは言論の自由の楯の陰に隠れようとするべきではない。彼らは礼儀正しく、他者の感情を尊重すべきである。批判者にとって、この見解は端的に言論の自由原理の否定である。言論の自由の主眼は、広範な種類の表現を保護するところにあり、その見解の幅は合理的な人間が支持したいと思うよりもはるかに広範であるのだ、と。これはわれわれがきわめて侮辱的、不快と考え、強く異を唱える見解の持ち主の言論の自由を保護することを意味する。言論の自由は上品なリベラルの知識人と同様に、差別主義者のためのものでもある。われわれが共感する者の見解だけを保護するなら、なぜひとつの原理が「言論の自由」という名に値するのかわからなくなってしまう。

さらに、他者の感情を害することを防ごうと自己検閲に及ぶことは、しばしば「ヤジ屋の拒否権」と名づけられるものへの屈服となる。それはあなたの潜在的聴衆の中の誰かがあなたの言ったことのせいで感情を害される可能性があるなら、あなたは話すことを許されるべきではない、あるいは少なくとも話さない礼儀正しさをもつべきだ、という観念である。この考え方はどの程度もっともだろうか？

すでに見たように、ジョン・スチュアート・ミルは暴力の誘発こそ言論の自由を抑制する介入が適切となる境界だと明言している。たんに侮辱的なだけでは介入の十分な理由とはならず、法、脅し、あるいは社会的圧力によって阻止されるべきではない。彼は侮辱的な言論が広範な効果を持ち得ることを認識していた。人々は自分が大切に思っている事柄に関する何らかの見解を聞いて怒りをたぎらせるかもしれない。また、そうした怒りの源泉はしばしば宗教である。ミルが用いる類比的な例において、彼は、圧倒的多数がイスラム教徒である国において、豚肉を食べる人々がいると知って強い嫌悪を抱いた宗教的多数者が、非イスラム教徒に豚の食用を禁ずることは正当化されるだろうかと問いかける。彼の解答は、豚肉を食べることは誰にも直接的な危害を加えない(豚への危害と見なす者もいるかもしれないが)自己愛的活動で、国が介入すべき事柄ではないし、個々人はこの種の食餌的選択を、社会的圧力や黙示的あるいは実際の多数者からの脅威によって妨げられるべきではない。明らかに、豚肉を食べることは、ここでは言論の例、あるいはもちろん表現の例ではないし、ミルは豚肉を食べることを私的に論じたに過ぎない。しかし、たとえばこうした国で豚肉の食用に賛成する論文を新聞紙上に執筆する個々人の自由に関するミルの見解はどうだろうか？　その論稿が多くの読者の感情を害する性質のものであるにもかかわらず、前章で挙げられた理由ゆえ、彼がそうした見解を表明する個々人の自由を擁護するのは明白だと考える。

神への冒瀆

イングランドおよびウェールズにおいて、キリスト教に対する冒瀆(しかし一貫性を欠くことに、他の宗教に対する冒瀆ではない)は、私が本書を書き始めた時には正式にコモンロー上の犯罪であった。このコモンロー上の犯罪が廃止されたのは二〇〇八年六月のことである。実際、この法はキリスト教の保護よりもっと限定的だった。それは国教、すなわちイギリス国教会のみに適用されたのである。たとえばバプティスト派の教義の一側面を中傷しても、その教義がイギリス国教会に共有されていない限り、法律上は冒瀆行為ではない。この法の一つの帰結は、イスラム教徒はイギリス国教会にとって神聖な対象や観念を軽蔑する発言をすると起訴されうるが、イギリス国教会の信徒はイスラム教にとって神聖な対象や観念に対して同様に軽蔑的な発言を法の下において自由に行えるということである。この非対称性から、現存する冒瀆法を、特定の宗教を信奉することに対する差別とならないよう拡張すべきだという議論が生じた。これは言論の自由にさらに重大な制限を加えることになるが、だがそれによって言論の自由という高い代償とひきかえに、一貫性という利点が得られることになる。

言論の自由の擁護者のほとんどは、冒瀆法すべてを旧時代の歴史的遺物とみなし、世俗的な社会において今日的な意義はさほどないと考えるだろう。今日の冒瀆禁止論者は、宗教は個々人にとって最も重要なものの核心であるから、いかなる言語的侮辱をも受けない特別な保護を得るべきだと主張する。英国の状況は英国国教会が占める憲法上の役割によって複雑化している。反冒瀆立法の主眼は、人々が最も大切にしている見解を、彼らが侮辱的とみなすような挑戦から保護することにある。さらに、この法の擁護者の中には、同法が社会の組成を破壊しがちな活動を防止するという、実際的な目的に役立つと信じている者もいる。

過去五十年間に、英国において冒瀆法による有罪判決を得ることに成功したごくわずかな事例の一つは、一九七七年の『ゲイ・ニュース』誌編集長デニス・レモンがジェームズ・カーカップの詩「あえてその名を語る愛」を掲載したことに対し、運動家メアリー・ホワイトハウスによって提起された訴訟である。この詩の中で、ローマ人の百人隊長は十字架にかけられたばかりのイエス・キリストにフェラチオ行為をし、彼の傷の中に射精し、最後には昇天したキリストにペニスを挿入される。百人隊長の語りからは、キリストが十二使徒全員と性行したこともほのめかされる。この詩は本質的に同性愛的ファンタジーであり、ゲイ読者を限定的にターゲットとする雑誌に掲載された。ホワイトハウスの主張は、キリストをこのように描き出すことはキリスト教徒にとってきわめて侮辱的であり、法の全面的な威力をもってそれに抗議すべき、というものであった。この詩は「冒瀆的な名誉毀損」によってキリストを中傷するものである、と。裁判所はレモンに五〇〇ポンドの罰金を宣告し九カ月の執行猶予とした。出版社はさらに千ポンドの罰金を科された。この判決は上訴されたが最高法院は原判決を維持した。本件は法律上特別に保護される特定集団にとっての侮辱性ゆえに、文学作品が法律上禁止された事例である。本判決にもかかわらず、二〇〇二年にジョージ・メリーとピーター・タッチェルを含む人道主義者たちによってロンドンで開催された、この詩の挑戦的な公開朗読会は起訴されなかった。当時、ピーター・タッチェルはこう書いた。

なぜキリスト教は批判と抵抗に対して特権的な保護を与えられるのか？　意見や理念の表現を抑圧する圧倒的な権力を享受する機関はこの他には皆無である。言論の自由、異議申し立ての権利、芸術的自由の名の下に、冒瀆罪は廃止されるべきである。

タッチェルの願いは今や叶った。

いかなる冒瀆法も潜在的にヨーロッパ人権規約に違反する。規約の第一〇条は次のように述べる。「各人は表現の自由の権利を有する」。これは条件付きの権利であり、国防、騒擾や犯罪の防止、個人の名誉の保護、その他同様の考慮が優先する。しかし第一〇条は「各人は思想、良心および信教の自由を有する」と定める九条とバランスがとられねばならない。これら各条が表わしているのは、自分の考えを表明する自由および他者から妨げられることなく自分の宗教を選び、関わり合う自由(またそれは明示的に、自分の宗教を変更する自由を含む)は、現代ヨーロッパ社会において重要な価値だという認識である。信者たちにとって、冒瀆法によって訴追されるような種類の表現は、自分の信仰(あるいは強固な信念)を妨害なく追求する自由を抑制していると彼らが信じるような種類の表現なのである。他方、反宗教的な意見に対する告発の可能性という脅威は、表現の自由の重大な制限だと考えられるだろうし、またそうした表現に対して宗教が保護されればされるほど、制限ももっと大きくなる。難しいのは、特定の事例において第九条と一〇条に体現された考慮それぞれにどれだけウェイトを置くべきかの判断である。信教および信念の自由という価値と、言論の自由という価値は衝突しうる。一方を他方より優先しないかぎり簡単な解決策は存在しない。さらに、多くの人々が心配するのは冒瀆法に基づく訴追が成功するわずかな可能性だけではなく、そうした法の存在によって出版社や製作者による自己検閲が促進されるされ方である。

この根底にある問題は、とりわけごく多様な宗教的、非宗教的見解をもった人々によって構成される社会において、冒瀆法に何らかの合理的な根拠はあるか否かという点である。一つのキリスト教教会をそうした犯罪から保護するだけの(したがって本質的に差別的な)、歴史的に特定の法、たとえば近年廃止されたイングランドおよびウェールズのコモンロー上の犯罪のような法を拡大する際の直接的困難は、それをすべての他の宗教を保護するよう拡大したら、完全に執行不可能になってしまうというところである。キリスト教にとってこの上なく神聖な主題と人物の幅は広いが、キリスト教とイスラム教とユダヤ教とヒンドゥー教を合わせたほど広範ではない。このリストには他の多くの宗教を加える必要もあるだろう。そこまで来たら、さらに公正の観念から、非宗教的な人道主義者は彼らにとって最も中心的で大切な信念を保護されるべきだ、という問題が出てくる。そうでなければ、なぜ彼らが異なった取り扱いを受けるのかについて、何らかの明確な理由が明言される必要がある。また、一神教の信者は、多神教の信者が複数の神々について語る度に感情を害されるし、逆もまた真かもしれないという困難はどうしたらいい？　宗教的集団、疑似宗教的集団、また多くの非宗教的集団それぞれが、それぞれ大切にする神聖な対象、場所、人、神話、考え方を持っている。これらすべてを冒瀆的な発言から保護することは、試みるのもバカバカしいし、達成は不可能なことだろう。

これに対する反論は、冒瀆法はたんにキリスト教に敵対的な見解を不謹慎あるいは侮辱的に表明することから保護するものであり、このアプローチは他の地域では他の宗教をもカバーするよう容易に拡大できる、というものである。これが二〇〇五年にトニー・ブレアが提案した「宗教的憎悪の誘発」を禁じる法の本質であった。これには異なった宗教を平等に扱うという長所があった。しかしながら、きわめて穏健な言葉でつぶやかれたとしても、それでもなお、宗教的根本主義者たちを激昂させ、冒瀆的あるいは宗教的憎悪の誘発と考えられる事柄は、ある。また、多くの宗教的表現はリチャード・ドーキンスが著書『神は妄想である』で明らかにしたように、非信者にとってはきわめて不快である。同書で彼は、宗教によって人類にもたらされた損害を陰鬱に描き出した。信仰の持ち主だけがその見解を侮辱から保護されるべき理由はまったく明白では

図 6 モンティ・パイソンチームの論争的なイエスの一生のパロディ『ライフ・オヴ・ブライアン』において，ブライアンの母親は「あの子は救世主じゃない．とってもいけない子よ」という言葉を口にする．一部の人々にとってこれは神の冒瀆であり，その他の人々にとっては面白いジョークである．

図7　冒瀆かパロディか？　『ジェリー・スプリンガー　ザ・オペラ』はキリストを同性愛の傾向を持つものとして描くことによって，一部のキリスト教徒の怒りを買った．

ない。

何が「穏健な」言語とみなされるかの判定は微妙である。宗教信者が近年最も侮辱的と感じたものの大半は、パロディやユーモアのかたちで表されている。リベラルな世俗主義者にとって、演劇、小説、映画に対する宗教信者による迫害は、ユーモア感覚の不在であると同時に、その製作中に誰も危害を受けず、それが暴力の誘発だと解釈され得ない限り、自分の選択した娯楽を享受する成人の自由に対する容認できない介入であるように見える。たとえば、一九七九年に公開されたモンティ・パイソンの映画『ライフ・オヴ・ブライアン』は多くのキリスト教徒の激怒を惹き起こした。同作で救世主はイエスではなくブライアンと呼ばれていたが、イエスと同じく彼は十字架で磔にされる（彼は「いつも人生の明るい側を見よう」と歌いながら死んでゆく）。

もっと最近では、シュールレアル・ミュージカル『ジェリー・スプリンガー　ザ・オペラ』が、リアリティ番組をパロディ化するだけでなく、キリスト教をもパロディ化している。カーカップの詩と同様に、キリストがホモセクシャルだったかもしれないという示唆は多くの抗議を招き、英国のチャンネル4で放映された際には、プロデューサーに冒瀆法を適用しようとする試みすら起こった。神、イエス、処女マリア、悪魔がテレビの低俗なリアリティ番組に出演するという発想を嫌悪したキリスト教徒たちもいたし、侮辱的ではないし面白いと思った者もいた。しかし、キリスト教徒団体によるこの舞台への反対キャンペーンの間接的な効果は、破壊の脅威によって上演がほぼ不可能になったことである。これは間接的な検閲、すなわちヤジ屋の拒否権の例として広く認識された。

このミュージカル製作者の一人、コメディアンのスチュアート・リーは、宗教的物語と登場人物たちが創造的な芸術家に提供する豊穣な資源について、興味深い指摘をしている。

信者たちは、宗教的物語が生き残ったのは、それが文字通り真理だからだと言う。だが合理主義者たちですら、宗教的物語、神話、民話は、常に実際に真理であるわけではないが、それが人間の経験についてわれわれに物語ってくれることについては真理であり得るということを受け入れている。

非信者にとって、福音書の物語のような宗教的記述が、少なくともそれが深い心理学的真理を体現した豊穣な文化的資源であるからといって、様々なかたちで再使用されない特別な保護をなぜ受けるべきなのかは明白ではない。バートランド・ラッセルのような非宗教的ヒーローは、モンティ・パイソンその他のパロディ化を免れることはなかった。ではなぜ宗教上の人物はそれを免れるべきなのか？

宗教的信念だけが特別な保護を受けるべきだという観念は奇妙である。すなわち、自由社会においてすべての信念は吟味、批判、パロディ、そして潜在的には嘲笑に対して開かれているべきである。コメディアンのローワン・アトキンソンは英国の宗教的憎悪法案が提案された際、これに反対してこの点を主張した。

宗教への激しい嫌悪を助長して何が悪いのか？　もしその宗教的信念やその宗教の名においてしでかされた活動が激しい嫌悪に値するなら、どうしてあなたはそうすべきでないのか？　その宗教の教えや信念があまりにも時代遅れ、偽善的、あるいは人権蹂躙的で、それに対して批判を表明しないことが邪悪であるとしたらどうするのだ？

言論の自由の擁護者たちの中には、保護されるべきなのは意見の穏健な表現だけではないと主張する者もいる。言論の自由はセミナー的状況での理性的な議論、あるいは論証の行き届いた新聞のコラムに限られるべきだ、という考え方は、多くの人々が言論の自由の限界を守ろうとする際に保持したいと考えている価値の精神をとらえ損なっているかもしれない。またそれは言論の自由の歴史と、かつてはスキャンダラスであり、迫害され、その後正典となった作品や表現行為を正当に取り扱っていない。たとえば小説家のフィリップ・ヘンシャーは、言論の自由は新聞紙上で政府の政策を批判する自由、われわれの信念、性、人種について威嚇の恐怖なくオープンに率直に語り合う自由だけでなく、

「女王陛下のランドー馬車に乗ってモールを走る来訪中の独裁者に向けて下品なことを叫ぶ」自由をも含むべきだと論じている。言論の自由は、宗教を風刺し、嘲笑する自由を含むべきだと彼は主張する。彼は「言論の自由が何世紀にもわたって進歩してきたのは、穏健で合理的な議論だけでなく、過剰と無責任のお蔭なのだ」と指摘する。

オリヴァー・カムも同様の指摘をしている。

言論の自由は重要だが侮辱の回避とバランスをとる必要があるという考え方には、疑問の余地がある。なぜならそれは侮辱が回避されるべき何ものかであることを前提としているからだ。言論の自由は確かに、痛みを惹き起こす――だがそこに悪いところは何もない。知識は悪い観念の破壊を通じて進歩する。嘲笑や愚弄はその過程における最も強力な道具である。

リチャード・ポズナーは思想の市場で侮辱が果たしうる重要な役割を強調する。

人々は自分たちの生き方が挑戦をうける時、動揺する。しかしその動揺は疑問の始まりかもしれないし、やがて変化に至るかもしれない。今では平凡だが、当初発言されたときはきわめて侮辱的であったすべての観念や意見のことを考えてみて欲しい。それゆえ、おそらく他人の価値や信念に挑戦するかもしれない観念を聞いたり語ったりすることが許される条件は、同様の権利を他者にも拡大し、侮辱的であることが表現を処罰する許容可能な理由とはならないことに同意する、意思であるべきだ。

しかしおそらく宗教的信念に対する侮辱を禁止する主要な正当化理由は、**意図的な**侮辱のための侮辱を防止することであろう。宗教的信念の持ち主を侮辱することによろこびを見いだす人々がいる。この主張は、信者たちが最も大切にしていることへの**意図的な**攻撃は禁止されるべきである、というものである。つまり、意図的な侮辱はよい社会関係に貢献しない。もし特定の集団が常に意図的に侮辱的なパロディの対象とされているとすると(たとえば、サイエントロジストたちがそうであるように)、彼らが真剣に受けとめられることは困難になってしまう、とこの議論は主張する。合理的な人間ならば、自分の言ったことが人を侮辱したと気づいたらそれを修正するから、偶然的な侮辱は問題ではない。したがって、たとえば、ムハンマドの漫画を描いた漫画家が、イスラム教がこの預言者の肖像画を描くことを禁じているとはまったく知らなかった場合、彼はイスラム教がこれを禁止していることを承知し、それを馬鹿げていると思い、その点を視覚的に強調したかったからムハンマドの風刺画を描いてイスラム教擁護者を動揺させようとした人物とは違うカテゴリーに入ることになる。

このアプローチの一つの難点は、書き手、話し手、漫画家、映画作家、その他の伝達者たちは、広範な理由から作品を創造し、その理由の中には他ほど明確に定義されていないものも重なり合うものもある、ということである。動機がただひとつの場合は稀であり、その場合ですら、芸術的な文脈において一つの作品は幅広い解釈に委ねられる傾向が強い。したがって、たとえばアヤーン・ヒルシ・

アリがテオ・ファン・ゴッホと共に製作した二〇〇四年の映画『サブミッション　パート・ワン』では、イスラム教の教義が女性の非道徳的取り扱いを正当化するために利用可能であり、またそう利用されてきたと彼女が信じていることを指摘するため、コーランの言葉が女性の身体に書かれる様が描かれた。一人は不義を犯したために鞭打ちに処せられ、もう一人は憎悪する男との結婚を強いられ、三人目は夫に殴られ、四人目は兄にレイプされたことを知った父親に捨てられた。この映画はオランダのテレビで放映された。彼女の意図はイスラム教を攻撃することではなく、現代的状況への適応を許さないイスラムの教理の欠点と彼女が見なすものへの攻撃であった。

私のメッセージは、コーランは人の法であって神の法ではないということです。私たちはそれを自由に解釈するべきです。恐ろしい過去の状況を再創造しようと苦痛に満ちたこじつけを行う代わりに、私たちはそれを様々なかたちで現代に適用することを許されるべきです。私の意図はイスラム教徒の心を解放して、イスラム教徒の女性を――そしてイスラム教徒の男性をも――もっと自由にすることなのです。

これは正統派のイスラム教内部ではラディカルなメッセージである。イスラム教指導者の中にはこれを冒瀆行為、意図的な挑発と見なし、公然と非難する者もいた。しかし、アリの見解からすれば、それは映画で彼女の意図したことではない。テオ・ファン・ゴッホのところに持っていったオリジナル脚本の草稿では、彼女はこの点について明示的だった。そこで彼女はこう書いていた。「私はこの脚本を誰かを挑発しようとして書いたのではありません」。彼女の映画を批判した人々への返答の中で、それはイスラム教内部での自省を求める嘆願だったのであり、この自省の追求の中ではあらゆるかたちの自己表現――身体的暴行、言葉による暴行を除いて――が許されるべきだと彼女は回答した。彼女の目的はイスラム教徒たちを無神論者に転向させることではなく、「とりわけ女性の残虐な取り扱いにおける、この文化の汚点をさらけ出す」ことだった。彼女はこの映画が論議を招くであろうことを承知していた。しかし映画を作る際には、言論の自由を保護、尊重する長い歴史を持った国内で、十分法律の範囲内で行動していたのである。

二〇〇四年一一月、この映画の監督であるテオ・ファン・ゴッホが、アムステルダムの通りを自転車で走行中に射殺された。彼を殺した犯人、ムハンマド・ブーイェリはコーランからの引用とアリへの脅迫が記された五頁の手紙を彼の胸にピンで留めた。アリは自衛のため隠れて生活することを余儀なくされた。

誰も挑発しようという意思はなかったのだというアリの主張を、われわれはたんに不誠実なものとして取り扱うべきなのだろうか？　この種の事例を判定することがどうすれば可能なのかは明白ではない。それはサルマン・ラシュディの『悪魔の詩』に対するイスラム教徒の反応と、多くの類似点がある。宗教その他多くの問題に関する個々人の表現の自由の存在を、文明的な民主主義社会の譲渡不能な側面だと信じている者たちと、自分たちの宗教はこの上なく神聖であり、自分たちからして冒瀆的と思われるようなことは何であれ、表現を許されるべきでないと主張する者たちとの、袋小路を象徴する反応である。

キリスト教とイスラム教は、批判やその信者たちが冒瀆的と見なすことへの不寛容が可能な、ただ二つの宗教というわけではない。第二章で述べたように、二〇〇四年にシーク教徒はガープリート・カウアー・バッティの劇『ベーツィ』に抗議し、千人を超える群衆がバーミンガム・レパートリー・シアターに突撃して三名の警察官が負傷する事態に至った。脚本家は身の安全のために逃走しなければならなかった。アヤーン・ヒルシ・アリと同様に、バッティは作品において意図的に侮辱的ではなかったと明言している。

私は人の感情を害するために『ベーツィ』を書いたのではありません。それは誠実な作品であり、そこで私は人間の性格的弱さが偽善という監獄に人々をどう導きうるかを探求したかったのです。

それでもなお、プロットの簡単な概要だけでも多くの抗議者を侮辱するには十分だった。彼らのほとんどはこの劇を観ていない。劇場への突撃の影響はこの一個の事例をはるかに越えて広範である。すなわち、こうしたできごとの危険性は、作家たちが暴力を恐れて自己検閲を行うようになることなのだ。

創造的な芸術家およびその他の人々は、キリスト教徒、イスラム教徒、シーク教徒その他広範な宗教的感情のまわりをつま先立って忍び足で歩くべきだ、あるいは宗教的信念はきわめて神聖なものと考えられるべきであり批判を免れるべきだという提案は、開かれた民主主義においては許容できない。寛容の精神は侮辱を惹き起こすことの禁止を含むべきではない。宗教信者によって示された不寛容は、多くの非宗教的な人々にとって(宗教信者の一部にとってと同様に)きわめて侮辱的である。しかしそれは非宗教的な者と反宗教的な者が不寛容な者たちを暴力で脅す理由にはならない。それは言論が反論と出会うべき機会なのである。

ヘイトスピーチ

意図的な挑発の問題は、いわゆるヘイトスピーチとして知られるようになったものを禁止する法律の正当化においても重要である。ヘイトスピーチは極端な侮辱を与え、対象となる聴衆の中傷を目的とする表現である。これはあまりにも侮辱的で、危害の一形態(直接の暴力の誘発とまでは言えないが)に相当する口頭での発言あるいは文章その他の表現であり、それゆえ他のそれほど侮辱的でない表現のように検閲を免除されるべきではない、と多くの人々は信じている。換言すれば、ヘイトスピーチはしばしば、他の言論のような言論の自由の保護に値しない、特殊なカテゴリーとして提示される。冒瀆の中には宗教信者へのヘイトスピーチとして容易に表現し直せるものがあるだろうし、たんに他者が大切にしている、あるいは神聖だと考えているシンボルを認識し特別に取り扱うことができなかったに過ぎない例というものもあろう。

ヘイトスピーチは典型的には人種、宗教あるいは性的志向を理由に人を侮辱する。言語や他の表現形態の選択、またそれらが発せられ、書かれる文脈はすべて、ある集団や個人への侮辱ないし恥ずかしめを達成するために構成されている。それは的に当てることから効果を得る侮蔑の表現である。すなわち話し手あるいは書き手の意図を達成するためには、標的となる集団がそのメッセージを聞き、あるいは読み、あるいはその内容を意識する必要がある。これは胸のむかつくような見解を私的に表明する問題ではなく、むしろ挑発的に伝達された極端な侮辱行為である。

しばしばヘイトスピーチは伝染性であるべく意図される――望まれる効果の一部は、他者が同様に悪意ある見解を表明するよう助長することにある。ここで広範な表現の自由を擁護しようとする者は誰でも、自由の価値と、個々人の尊厳を脅かし、あまりにも侮辱的なために人々の日常生活を重大に侵害する人種差別主義や同性愛差別主義の極端な表現を許容するコストとの間の、厳しい選択に直面する。ヘイトスピーチの標的はしばしば特別に傷つきやすく、マイノリティである。言論の自由が彼らに課するコストは、彼らの尊厳と自尊心が脅威にさらされる点で潜在的に高い。

極端にリベラルな立場は、言論の自由主義を一旦採用してしまうと起こりうる不幸な可能性として、ヘイトスピーチを擁護するというものである。あらゆる種類の言論は起訴からの保護に値する。アメリカ合衆国において、第一修正の言論の自由の保障は、いくつかの著名な事例において、こうしたヘイトスピーチは嫌悪の念を催させるものではあるが、それでもなお、多くの場合は許容されるべきだという判決に至った。それは潜在的に政治的論争の一部であり、したがって刑事訴追から保護される。

スコーキーと寛大さ

おそらく米国で最も著名なこうした事例で、言論の自由とはあなたが嫌悪する言論の保障を含むという観念と同義語になったこの事件は、一九七七年にイリノイ州スコーキーでネオ・ナチの行進が同村を通過する計画を保護するために第一修正の弁護が用いられた際に起こった。この村の住民はナチズムから逃れた多くのユダヤ人難民によって占められ――およそ六人に一人がホロコースト生存者か、ホロコースト生存者の親類であった。パレードで行進者たちは軍服を着用し、かぎ十字を身につけることになっており、友人や親戚をナチの強制収容所で殺された人々に間違いなく多大な苦痛を与えるはずだった。地元村議会は行進を予想して、軍服着用のパレードを禁止し、いかなる行進もそれに先立って三五万ドルの免責債券が支払われるものと要求した。異論の余地のあるところだが、アメリカ自由人権協会は本件を言論の自由の問題としてとり上げ(その過程で多くの会員を失っ)た。その結果、控訴裁判所はスコーキー議会の措置は第一修正に違反し、違憲だと宣言した。しかしながら行進はスコーキーでは行われず、シカゴ近郊の公園に移動した。それ以来、この行進の不快な性質にもかかわらず、多くの言論の自由論者はスコーキーを、言論の自由へのコミットメントが実際に意味すること、すなわち極端な寛容のシンボルと考えるようになった。

このような寛容の合理化理由は少なくとも二点ある。第一に、多くの人々はヘイトスピーチと戦う最善の方法は、更なる言論、すなわちカウンター・スピーチとしばしば呼ばれるものをもってすることだと信じている。他者が極端な意見表明を行うことを阻止するのは、社会にも長期的帰結をもたらすし、また彼らの欲求不満はもっと望ましくないかたちでの表現手段を見いだすかもしれない。ジョン・スチュアート・ミルの伝統において、ヘイトスピーチが違法となるべきラインは、それが暴力の誘発あるいは明白な名誉毀損となる地点である。第二に、何らかの形態の言論を法律的に禁止することの危険性は、それが更なる禁止をもっと容易にし、また、やがては個々人が表現の自由をもっともっと大きく制限されることになりがちだ、というところにある。ヘイトスピーチの禁止は、楔の尖った先、すなわち、一見何でもないがいずれ重大な結果をもたらすことであるのかもしれない。

英国法の立場はこうである。ヘイトスピーチについては、言論の自由には正当化可能な限界があり、とりわけ他者の生活がある種の表現によって損傷を加えられる場合がそうである。困難ではあろうが、広範な要素を考慮し、許容できるかたちの表現と許容できないかたちの表現との間の線引きをするのは裁判所の仕事である。たとえば人種差別を禁止する法は、人種差別主義のヘイトスピーチを用いる人々を訴追するために利用できる。オーストリア、ドイツ、フランス、カナダ、ニュージーランドを含む他の多くの諸国にも、憎悪の表明の標的となることから人種集団を保護する法が存在する。

哲学者の中には、ジェニファー・ホンズビーのように、スコーキー判決で示されたような極端にリベラルな立場はそこに含まれるコミュニケーションの性質を誤解しているという理由で、それに反対する者がいる。極端なリベラルたちは、結局のところ最も保護する必要のない人々の自由を保護している、と彼女は信じている。その一方で、もう一方の側はヘイトスピーチを伝達されることで被害を受けているのだ、と。とはいえリベラルにとって、それは言論の自由を保護する大きなコストの一部に過ぎない。全体的には言論の自由は検閲よりももっと大きな報酬をもたらすのだ。ケネン・マリックはこう述べる。

差別主義者以外のすべての者に言論の自由を、というのは言論の自由ではまったくない。リベラルの正統派教義に違反する権利は、宗教的ドグマを冒瀆する権利や反動的伝統に挑戦する権利と同じくらい重要である。

そして、マリックがさらに指摘するように、禁止によって差別主義に挑戦することは、寛容やカウンター・スピーチよりもっと悪い結果をもたらしうる。すなわち「あなたたちは、そうした感情を、地下でわだかまらせるだけなのだ」。

第4章
ポルノグラフィの検閲

ポルノグラフィは表現の自由を信奉する者すべてにとって困難な挑戦を提示する。その製作過程において誰も直接に危害を受けていないなら、すべてを顕示したポルノは許容されるべきだろうか？あるいはここでは自由よりももっと重要な価値が問題となっているのだろうか？

印刷技術の発明以来、ポルノは複製され広く配布されてきた。とはいえ明らかにそれは機械による複写に先行して存在したのだが。写真の発明と速やかに創作できる本質的に複製可能な画像の発明は、その正確さときめ細かいディテールがつけ加えた興奮により、ポルノ産業を変化させ、一部の人々を大金持ちにした。動画、ビデオ、そして今やデジタルイメージは、当初はＤＶＤやケーブルテレビを通じ、そして近年ではインターネットでのダウンロードやストリーミングを通じて地球規模で配布されている。またその結果、ポルノの入手可能性は増大し、購入および利用に関するプライヴァシーは増大した。デジタルカメラの出現もまた、ポルノ製作を民主化した。高品質のデジタルイメージ画像や動画製作、またそのインターネット上での配布の容易さは、前代未聞の数のポルノ画像と動画が流通し、より多くの人々がそれを利用していることを意味する。

ポルノグラフィとは何か？

ポルノとは主としてある種の露骨な性行為を表現することで、見る者を性的に興奮させることを意図した画像製作の一種である。とはいえ、すべてのポルノが視覚的であるわけではない。オーディオ・ポルノもある。それは現在ではポッドキャストという形態をとるかもしれない。文章ポルノもある。それは印刷物としてよりは、むしろブログやインターネットのダウンロードを通じて配布されるだろう。この分野の多くの作家たちは、とりわけ露骨なハードコア・ポルノと、描写が緩やかに制限されたソフトコア・ポルノとを区別する。

異論の余地のあるポルノの一定義

一九八三年、キャサリン・マッキノンとアンドレア・ドゥオーキンは、ポルノは公民権違反として提訴の理由とされるべきだと主張した。彼女たちは以下のような非中立的なポルノの定義を提示した。すなわち、「きわめてどぎつく性的に露骨な画像ないし言葉による女性の服従」である。

彼女たちはさらに進んで一つの作品をポルノ的にする内容を列挙した。それらは非人間化されたものとして、性的対象として、商品として、身体パーツに還元されたものとして、侮辱され、傷つけられることを楽しんでいるものとして、侮辱的な状況にいるところを展示されるものとして、女性が提示されている、といったものである。彼女たちはまた、男性、子供、性転換者たちも右のような意味で同様にポルノの被害者になりうるとした。

ハードコア・ポルノは言論か?

もしハードコア・ポルノがいかなる重要な意味でも言論でないとするなら、言論の自由の保護を受けるべきではない。それは特別な保護に値するコミュニケーションのタイプとは異なったカテゴリーに入ることになる。政治的言論や芸術的表現は、たとえ間違っていたとしても社会に利益をもたらしうる。性行為の写真画像は明らかに意思伝達的ではまったくない。それらは通常、実際のあるいは擬態的な性行為のクローズアップであり、その映画の主演俳優たちは役を演じているのかそれともセックス中を撮影されているのかどうかという問題は曖昧にされている。ハードコア・ポルノには通常情緒的な内容はない。それは見せているものに関する思考を内に含まず、見せている行為の透明性を目指している。それは主として性的興奮の助けとなるものである。ポルノを楽しむ者のほとんどは、まさしくこの理由ゆえにそれを楽しんでいる。すなわち、それは観る者を興奮させるのにとりわけ効果的であり、標準的にはマスターベーションの刺激剤である。この点で、ハードコア・ポルノを観ることとは、多くの意味で鍵穴越しに覗きをし、脚本化された性行為にいそしむ人々を見ておそらくはオーガズムに達するまで性的興奮を得ることに事実上似通っている。見られる者の黙示的合意は存在するとはいえ。あなたのために鍵穴と行為のステージを提供してくれる人物は、思想を表現しているわけではなく、そうしなければ見られなかったであろう何かを見る方法をあなたに提供しているのだ。それは誰かがあなたに何かを指さしてくれているようなものだ。

写真ポルノが何であるかに関するこの見解は、ケンドール・ウォルトンによる写真の性質の説明から支持を得られるだろう。彼は写真的リアリズムは他の形態の画像製作とは異なると主張してきた。彼によれば、写真は文字通り、それを通じてレンズの前にあるものを非比喩的な意味で「見る」ことを可能にしてくれる。この見解によると、性行為の写真は、われわれがその行為を見ることを可能にする。ウォルトンがこの点について正当であるかどうかはともかく(私は正当ではないと考えるが)、ハードコア・ポルノに含まれる種類のコミュニケーションは、言論の自由原理が保護しようとしている言論の典型的な事例とは明白に異なると主張することは可能である。

それを欲する成人がこの種の画像に自由に接触可能であるべきなのはなぜかに関しては、独立した議論が存在する。また、製作過程で誰も危害を受けていない限り、おそらく政府はこれらを禁止する立法を行うべきではないだろう。非暴力的ポルノについては確実にそうである。何百万人もの人々がこれから多大な快を得ており、一部の人々にとっては、これが性的満足の主たる供給源なのである。しかしながら、この見解によれば、**言論の自由**の議論は存在しなくなる。ポルノがあらゆる意味で言論やコミュニケーション行為でないなら、それは独立した道徳的問題として取り扱われるべきだ、とこの議論は続く。これはフレドリック・シャウアーのとる立場である。彼はこの結論に至るのにいさ

図 8　キャサリン・マッキノン

さか異なった論法を用いる。彼の主張は、ハードコア映画はバイブレーターの相当物かもしれない、というものである。「最も極端なものになると、ハードコア・ポルノはセックスの補助具でありそれ以上でもそれ以下でもない……」彼にとって、ハードコア・ポルノの利用は実際の性行為と同等である。興奮は接触ではなく視覚的な成分によって達成されるが、その点は問題ではない。つまり、セックス補助具もハードコア・ポルノも、言語や絵画が典型的にするような仕方での伝達行為を行ってはいないのだから。ハードコア・ポルノは性的な代用物であり、性的刺激の一形態である。もしシャウアーがこの点について正当なら、ハードコア・ポルノは言論の自由とはほとんど関係のないものになってしまう。

長年ポルノの反対活動をしてきたキャサリン・マッキノンは、ポルノは言論の自由原理によって保護されるべきだという考え方を、やはり拒否する。アンドレア・ドゥオーキンと共に、彼女は一時期インディアナポリスで採用された、ポルノの製作、刊行、販売を違法とする条例作成に尽力した——この条例はその後、第一修正に基づき違憲と判断された。彼女は『ただの言葉(*Only Words*)』で、ハードコア・ポルノは女性の従属行為であり、たんなる表現ではない、したがって言論の自由に関する議論からは完全に除かれるべきだと提案している。彼女にとってポルノが言論だというのは「嘘」である。もし十分正確な定義がなされれば、ポルノは政治的、教育的、芸術的、文学的表現の分野での言論の自由の保護に値するような種類のコミュニケーションとは明確に区別できると、彼女は主張する。彼女の意見では、ポルノを言論の自由の問題として考えるべきか否かに関する議論に関与することですら有害である。

この性暴力と不平等の実践、この奴隷売買の手段が意見や議論であるという主張を、たとえ反論するためであれ、真面目に考えてしまうことは、この立場の法的、知的欺瞞にある程度協力することである。それはこの立場を、それがそうであるもの、すなわち性的搾取を合法化する煙幕、ではなく、そうであるふりをしているもの、すなわち政治的議論の一方の当事者として取り扱ってしまうことである。

しかしながらこうした見解とは対照的に、ポルノ画像やポルノ映画を、直接的あるいは間接的に、思想を伝達するために用いることは**可能である**。とはいえ、そうしないのが普通だが。ポルノに表現された思想は常に知的に深遠ではないかもしれないし、そうした思想の中には多くの人々にとって侮辱的なものもあるかもしれない。それは性の解放に関する思想、あるいは男性ないし女性の役割に関する危険思想、あるいは検閲の制限に関して問題挑発的な思想ですらあるかもしれない。しかし、ハードコア・ポルノを含むポルノは、時には思想の市場に入ることを許されるべき思想を表明できる。さらに、あなたが言論の自由と多様性への寛容にコミットしているなら、たんにあなたがそれを侮辱的、悪趣味、あるいは瑣末だと思うから、あるいはあなたがそれに反対だから、あるいはそれがあなたにとって道徳的にバカげているからというだけで何らかの見解を検閲すべきではないというのがリベラリズムの教義である。それは議論に貢献する機会を与える前に、前もって判断を下してしまうことに他ならない。国家は競合する思想の間で中立的たるべきで、さもなくばある種の検閲によって何が思想の市場に入りこむかが制限されることになり、これは誰にとっても損失である。政府が関与すべきは、その表現が他者に対する実際の危害を惹起する、あるいは助長するか否かに尽きる。

あるフェミニストによるポルノ擁護

しかしながら、親ポルノ・フェミニストであるウェンディ・マッケロイは、ポルノ容認論のさらに先を行っている。彼女自身の経験とポルノ産業の広範な調査に基づき、彼女はポルノの存在は全体的には女性にとって有益だと主張する。彼女の著書『XXX——女性のポルノグラフィ権』(一九九五)で、彼女は個々人の選択を大いに重視する個人主義的フェミニズムを主張する。彼女は女性(と男性)はポルノにアクセスする権利を拒否されるべきではなく、これが自分の利用したい物かどうか自分で自由に決断すべきだと信ずる。彼女の見解では、ポルノは女性にとって少なくとも三点で有益である。㈠ポルノは性的可能性をパノラマ画的に見せてくれる。㈡ポルノは視聴者に性的選択肢を体験し、想像上安全に探求することを可能にしてくれる。㈢ポルノは教科書とは違った種類の性行為に関する情報を提供してくれる。すなわち、視聴者が空想上のシナリオへの自分の情緒的反応を探求することを、ポルノは可能にしてくれるのである。もし彼女がこの点において正しいなら、ハードコア・ポルノはたんなる性的補助具ではなく、認識的重要性を持ちうることになる。つまりそれは視聴者が自分自身について知ることを可能にするのであり、となると絶対的に言論の自由原理の一般的射程外ではないことになる。全体的には、ハードコア・ポルノの禁止は、マッキノンのような論者が主張するように女性の選択を広げるのではなく、むしろ制約することになる、と彼女は主張する。

この見解はマッキノンのようにポルノはもっと厳しく検閲されるべき、あるいは全面的に禁止されるべきだと主張するフェミニストの見解とは鋭く対立する。これは主としてその入手可能性に由来する身体的、心理的、社会的危害のゆえである。

参加者に対する身体的心理的危害

人々のポルノによる危害の受け方は多様である。第一に、ポルノ製作の際の俳優への危害が存在する。もっとも直接的な事例は、俳優が負傷したり、レイプされたり、あるいは自分の意思に反して演技することを強制される場合である。その中には性行為感染症という身体的危害に至るものもあれば、重篤な心理的危害に至るものもあるだろう。他の性産業労働者と同じく、ポルノ俳優はとりわけ身体的虐待を受けやすく、また仕事の性質上、警察にまともに取り合ってもらうのが難しいかもしれない。リンダ・ラブレースは自伝『試練』において、おそらくは当時最も有名だったポルノ映画で、全国主要映画館に配給された『ディープスロート』の撮影の間、夫に殴られ、銃を突きつけられながら演技したと述べた。これらは明らかに危害の事例であり、強制やレイプを禁止する法の適用されるところだろう。言論の自由原理によっては実際の危害と強制は支持し得ない。ポルノで演技することは極限的状況に置かれた人々にとっては最後の手段かもしれず、また参加者の中にはとりわけ傷つきやすく、その要求がどれだけ屈辱的で苦痛であってもノーと言うことをひどく難しいと思う者もいるだろうから、この状況はさらに複雑化する。キャサリン・マッキノンは、ポルノは「圧倒的に貧困で、切羽詰まって、ホームレスで、ヒモのいる、幼少期に性的虐待を受けた女性によって」作られると主張してきた。

ハードコア・ポルノはしばしば直接的な身体的危害と強制を含み、それゆえ禁止されるべきである、という主張は部分的には経験的なものである。それは暴露することが難しく、おそらくポルノ産業の一部にのみ当てはまる事実に依存している。心理的危害に関する主張は判定困難である。ミルの古典的自由主義の立場は、心理的危害を真正の危害とは見なさない。しかし一五〇年後のわれわれは、心理的虐待が与えうる重大な危害に対し、はるかにずっと敏感である。心理的危害を言論の自由を制約する理由としてまったく考慮しないのはバカげているだろう。しかし、ここでもまた、どこで線引きすべきかを判定する困難な問題にわれわれは直面する。すなわち、十分重大な心理的危害は、いつ言論の自由の権利を打ち負かすに値するほど重大になるのだろう？　そうした線引きが困難だと認識することは、それが不可能だと述べることではない。原理的には、明確なガイドラインが提示され、適用されうる。

通常、参加者に生じる危害の問題は――身体的であれ、心理的であれ、あるいは双方であれ――ポルノ禁止賛成に用いられる関連した諸議論群の中の一つに過ぎない。それらの中で最も重要なのは、ポルノを視聴することで、視聴しなければ犯していなかったであろう性犯罪を人々が犯す原因になっているかもしれない、というものである。

ポルノとレイプ

一部のレイピストや性的サディストは、ハードコア・ポルノのヘビーユーザーであり、明らかにこれが彼らの妄想をかき立て、行動をかたちづくった事例は個別的には存在する。しかしながら、ポルノの使用と性犯罪を犯す可能性との因果的関連性に関する決定的な証拠を提出するのは、きわめて困難である。もしポルノの視聴と他者に危害を及ぼすこととの直接の因果関係が証明できたら、それは検閲の一応の理由になるだろう。しかしながら、この分野の科学的研究は決定的ではない。困難はポルノが大いに性犯罪の原因である、あるいは主要因であって、これはたんなる相関関係ではないと証明することにある。相関関係と原因とは混同されるべきではない。ポルノは一般大衆にきわめて広く利用されており、彼らのほとんどは決して性犯罪を犯しはしないのだ。
キャサリン・マッキノンはポルノがレイプを助長する仮説的メカニズムを提唱する。暴力的ポルノグラフィの利用者は報酬的条件付けによって性的志向を身につける。彼らは特定の暴力的性行為映画を視聴することで、視覚刺激を得る。すなわち、彼らはその視聴に伴う性的興奮から報酬を得る。あたかも暴力的性行為のビデオを見ることが、現実に被害者にそうした行為を行うための訓練になっているようなものである。マッキノンは次のように主張する。

遅かれ早かれ、何らかの方法で、消費者は三次元でそのポルノを実行したくなるのだ。遅かれ早かれ、何らかの方法で彼らはそうする。それは彼らに実行したがらせる。できると信じた時、逃走できると感じた時、彼らは実行するのだ。

これは修辞的誇張であるが、彼女が述べるメカニズムは、一部の犯罪者にとっては重大な要因であることが判明するかもしれない。とはいえ一般論としては、これは明らかに偽である。多くのポルノグラフィ常用者はけっしてポルノの先には進まないし、実際の性行為において非道徳的に行為しようともしない。人口中きわめて高割合の人々が人生の何らかの時点でポルノを利用する。これらの人々がマッキノンの述べるような極端な行動をするべく条件づけられているということは、ほとんど信用できない。
検閲の問題がポルノと危害との実際の関連に関する経験的研究に依存している点は、「猥褻および映画検閲に関するウィリアムズ報告」(一九七九)できわめて明確にされた。同報告は哲学者バーナード・ウィリアムズが議長となったグループの調査結果を公開したものである。すなわち、
表現の自由を支持する推定は強いが、しかしそれは推定にとどまり、当該言論ないし刊行物が惹起しうる危害の考慮によって覆されうる。
経験的証拠はないが、このポルノの検閲賛成論は決定的ではない。しかし、暴力ポルノと現実の暴力との間に何らかの関連が存在する可能性は大きいのだから、ポルノにおける暴力に対する何らかの規制を提言するのが賢明であるように思われる。

社会的危害

ポルノに反対するフェミニストの主張は、男性消費者に向けた異性間ポルノに焦点をあてる傾向がある——典型的にこれらは雑誌に掲載された写真やビデオ、DVD、インターネットを通じたダウンロードやストリーミング、あるいは映画館で伝達される映画という形態をとる。ホモセクシャルやバイセクシャルのポルノは、男性によって男性のため、あるいは女性によって女性のために製作されたもののいずれも、ほとんど言及されない。

異性間ポルノはしばしば女性の性的入手可能性について侮辱的なメッセージを伝達し、彼女たちの

対象化を正統化するとされる。それはかくも多くのフェミニストがポルノに反対する理由の一つである。それはまた特定の身体タイプの女性、たとえば外科的に豊胸された胸をもつ女性を提示し、それによって男性消費者に現実の女性に対する誤った期待を持たせるかもしれない。ポルノの中には、本質的にすべての女性を侮辱するものもある。たとえば、女性が辱めを受け、あるいは性暴力に服従するものとして描かれるポルノ、とりわけ彼女たちがそれを楽しんでいるように提示される場合である。ここには映画内の一人の女性による性的辱めの享楽を、すべての女性の態度の象徴として理解する一般化効果があるように思われる。その映画内の女性は、一種の提喩により、すべての女性を代表しているのだ。予測される結果は、女性が何を欲するかに関する誤った描写が支持されてしまうことである。すなわち、極端な場合、乱暴に取り扱われ傷つけられることで、すべての女性は性的快楽を得る、すべての女性はレイプされること、あるいは性奴隷として扱われることを楽しむ、というメッセージが存在する。これは現実の女性たちに危険な帰結をもたらすと思われる見解である。

しかしながら、ロナルド・ドゥオーキンのようなリベラルは、子供が関与する場合、あるいは大人に対して自由選択ではなく強制が存在する場合のように、製作中に人々が直接危害を加えられないかぎり、ほとんどのポルノは禁止されるべきでないと主張する。「消極的自由の本質とは、侮辱する自由であり、そのことは英雄的な人々と同様に下劣な人々にも適用される」

典型的リベラルの立場はこうである。パターナリズム、すなわち本人のために人々を保護することは子供と青少年に対しては全面的に適切である。またここには、ポルノは子供たちが遭遇するかもしれない、あるいは遭遇する可能性のある場所ではけっして陳列されてはならない、という主張が含まれるかもしれない。しかしポルノを使用ないし製作しようとする成人は、他の誰かに危害が加えられる時点まで、自由にそれを行うべきである。様々な人々は自分自身の人生について、よい選択も悪い選択も行う。しかし、人々がポルノを利用することから性的興奮や満足を得ようとすべきかどうかを決定するのは国家の仕事ではない、と多くのリベラルたちは信じている。他者への直接的危害にならない限り、国家は異なった生き方の間で可能な限り中立的でいるべきなのである。

リベラルはその大半がポルノグラフィを嫌悪するにもかかわらず、第一修正の観念を擁護するために、それを擁護する。この観念は、少なくともその目的の一つとして、政治的環境のみならず道徳的環境が形成される過程における平等の保護を内容とするものである。

さらに、言論の自由の領域においては、検閲を認める特殊事例を設けるのは危険だという恐怖が存在する。すなわちそれは、当初意図され、正当化されたよりはるかに広範な検閲を正統化する滑りやすい坂道に一歩を踏み出すこととなりうるのである。たとえそれが多くの人々にとって不快きわまる言論であろうとも、言論の自由の制限はすべて、民主主義と個々人の自己表現がやがて脅かされるリスクを内包している。

ポルノが社会、とりわけ女性にとって利益よりもコストを多くもたらすとしても、だからといって必然的にそれが検閲されるべきだということにはならない。検閲によって堕落的な要素だけを抑圧するのはきわめて困難である。ごくごく瑣末で空虚な類いのポルノへのアクセスを防止する行為の中で、その検閲があまりに深く踏み込み過ぎ、文化的に価値のある要素を削除してしまう真正の危険が存在する。それは高いコストであろう。もっと安全な道は、将来世代が重要だと考えるであろう作品をうっかり破壊するよりは、破滅的に有害なポルノに対して寛容でいるリスクをとることだろう。

リーガルモラリストのポルノに対する態度

マッキノンの攻撃するリベラルなアプローチは、デヴリン卿のようなリーガルモラリスト、すなわち道徳的に堕落的なこと、あるいは伝統的家族やファミリー・ヴァリューを損なうように見えることが法によって禁止されるくらい、法は社会的価値を大切に祀り上げるべきだと信じる人々のそれと対照をなしている。この立場は、すべての人間がいかに生きるべきかに関する宗教的信念、あるいは世俗的な保守主義の信念に動機づけられているかもしれない。

ポルノの存在と入手可能性は多くの人々を憤慨させ嫌悪の念を覚えさせる。それは道徳的に俗悪であり、その製作と消費が禁止されたらこの世界はよりよい場となるだろう、と彼らはわれわれに告げる。社会の道徳的組成がポルノの入手可能性によって損なわれているのだ。したがって、この見解によると、国家の介入は正当化される。むしろ国家にはそれを行う義務がある。リーガルモラリストは、国家の役割は部分的には文化、道徳的空気、生活様式の温存を保証することにあると信じる。個人の自由は、ほとんどのキリスト教徒が同意するような、あるいはほとんどのキリスト教護教論者が唱道する(常にそれを実践するとは限らないとはいえ)ような、伝統的ファミリー・ヴァリューに優越することを許されるべき価値ではない。このようなポルノ反対論者には、言論の自由原理に基づく擁護論はすべて受け容れ難い。他の諸価値がはるかに高次の地位を占めるのである。

潜在的消費者および社会全体のためにポルノを検閲するこうしたアプローチは、成人に対するパターナリズムの一形態である。それを提唱する者は、この法が行動を変容させるのを見てよろこぶことだろう。彼らは道徳的危害は真正の危害であると信じ、その発生を防止したいと思っている。批判者たちは、政府がよき生活に関する競合する見解の間で判断を行うのは不適切だと主張する。この見解によれば、政府は多元主義を許容すべきであり、一つの道徳の形態を市民に強制するべきではない。

伝統的ファミリー・ヴァリューを擁護し、それを理由にポルノに反対する者は、現代フェミニストの中に味方を見いだせる。この二つのグループが家族の本質に関して根本的諸価値を共有するからではなく――まったくそうではない――多くのフェミニストが、モラリストと同様、ポルノが撲滅されるのを見たがっているからである。彼らの場合、それが女性に対してもたらすと彼らが信ずる――直接的、間接的、身体的、心理的な――危害ゆえに。

これはポルノへのアクセスがもっと厳しく統制され、あるいは完全に阻止されたら何が起こるかの予想を含む経験的仮説である。つまり両性間のより大きな平等が達成されるだろうというのだ。体系的性差別主義の歴史的文脈と、男性による女性の性的虐待のほぼ隠された歴史に鑑みれば、これは均衡を回復する一つの方法なのかもしれない。とはいえこの議論はポルノ禁止の効果に関する仮説の正確さに左右される。ここではポルノの製作と利用を許容する言論の自由と、ハードコア・ポルノの違法化を要求すると思われる性的平等へのコミットメントの間に、緊張が存在すると考えられる。自由と平等という目標は、常に両方が達成できるものではない。難問は、異なった諸価値にどれだけの重みを与えるかである。

これは言論の自由を論じる際に繰り返し登場する問題である。話し手および聞きたいことを聞く聴衆の自由は、言われたことを聞きたくない人々、すなわちそのメッセージによって侮辱され、嫌悪の念を催し、憤慨し、侵害され貶められたと感じる人々の利益と比較衡量される必要がある。

言論の自由原理を擁護する人々は通常、言論の自由の推定が存在すべきであり、それに対するいかなる制約も、感情的な嫌悪の反応以上のものに基づく必要があると信じている。それは議論され、証拠によって裏付けられる必要があり、明らかにもっと重大な検閲をもたらしがちな、あるいはそれを不可避的に惹き起こしてしまう、滑りやすい坂道に一歩を踏み出すものであってはならない。しかし、言論の自由の擁護者はほぼすべて、どこかで線引きをしたがっている。この線引きは、詳細な吟味に委ねられたとき、完全に矛盾のないことは稀である。なぜならそれは、われわれほとんどが既にもっているきわめて強力な直観への抵抗を含むからである。

子供が性行為に及ぶ様を描写したポルノの検閲ということになると、ほとんどのリベラルは一貫性がないという非難を受けることになる。典型的に、児童ポルノの製作過程で子供が虐待され、あるいはレイプされているとき、なぜこれが禁止されるべきかに関しては明白な危害に基づいたリベラルの議論がある。しかしコンピューターによって作り出された子供の画像が児童ポルノの基礎である場合、状況はずっと複雑になる。これは本質的にコラージュの一形態で、猥褻なコラージュは人畜無害な家族スナップ写真からもつくり出せる。そうした画像を許容したがる人々はほとんどいないが、しかし帰結主義者ならば、議論はそうした画像の製作と自由な頒布を許容することによって生じがちな危害に関する経験的証拠に基づかせねばならない。こうした画像を製作し、消費することと、子供に対する実際の危害発生のリスクの間に強力な結びつきが存在することは、明白であるように思われる。しかし、ある種の成人ポルノを製作し消費することと、女性に対する実際の危害発生のリスクの間に、同様に強力な結びつきがあると多くの人々は感じている。ここで最も強力なリベラルの立場は、コンピューターの製作した画像は、バカげているとはいえ、子供に対する現実の危害の経験的証拠が証明されない限り、許容されるべきであると主張することだろう。しかしここで言論の自由の利益がそのコストを凌駕することは、まったくありそうにない。われわれのほとんどは、その小児性愛症的妄想との関連の可能性ゆえに、そして究極的には子供に危害を加えるところまで至りそうな人々の欲望を焚きつけることとの関連性ゆえに、そうした画像が禁止された方が幸福だと感じるだろう。

芸術とポルノ

ロバート・メープルソープの性的に露骨な写真、チャップマン兄弟の彫像、あるいはウラジミール・ナボコフの『ロリータ』は、もしそれらが芸術家や有名作家によって創られたものでなかったら、検閲の餌食になっていたかもしれない。それらは検閲を、なぜ免れるのか、説得的な理由はあるだろうか？　芸術を検閲から免れさせる特別な論拠はあるのだろうか？　一つの回答は、芸術家は人間のありように戦いを挑もうとするその試みの真剣さゆえに、また、こうした作品の経験を複雑にする出来事の解釈の文学的あるいは芸術的質の高さゆえに、検閲を免れるべきだというものである。われわれの文化において、文化が伝達され、審問されるのは芸術を通じてであるから、それゆえ芸術家の役割は正当にも特権化されている。

おそらく芸術の抗弁が用いられた最も重要な事例はイギリスにおける『チャタレー夫人の恋人』裁判であろう。一九六〇年に行われたこの裁判は、D・H・ロレンスの小説は英国内で刊行しうるか否か、それとも猥褻物出版法(Obscene Publications Act)の下、禁止され続けるべきかを決定するものだった。五〇名を越える専門家証人が召喚され、同書の文学的価値について証言した。彼らの中にはE・M・フォースター、レイモンド・ウィリアムズ、リチャード・ホガートがいた。『チャタレー夫人の恋人』はロレンスの最高傑作ではない、というのが一般的合意事項だったが、しかし証人たちはその文学的価値を見事に弁護した。彼らは特定の本を擁護しているのと同じくらい、作家が自らの人生観を表明する自由を擁護しているということに自覚的だったのだ。「ファック」という語が繰り返し使用され、不倫の詳細な描写がなされた同書は、確かに潜在的に多くの読者にとって侮辱的だった。とはいえ猥褻性の基準は、それが読者を堕落させ腐敗させるかであった。裁判官は、同書は刊行できると判断した(しかし陪審員に、自分の使用人にこれを喜んで読ませられると思うかと質問した後でである)。

一九九〇年、写真家ロバート・メープルソープの個展『完璧な瞬間』がシンシナティの現代美術センターで開催された。この展示にはホモセクシャルのサディズム、マゾヒズム、男性間の口腔性交の露骨な画像、そして写真『ロージー』(一九七六)が含まれていた。同作品はスカートを着用した四歳の女児が庭のベンチに腰かけ、露出した性器を明瞭に露わにしているものだった。同美術館の館長デニス・バリーは、猥褻および写真に年少児を虐待的に使用した罪で検挙された。この画像は同展がロンドンのヘイワード・ギャラリーに移転した時には公開されなかった。『チャタレー夫人の恋人』裁判と同様、芸術的価値の問題が中心となった。デニス・バリーは、メープルソープの作品はエロティック美術を表現したものだという理由で、無罪判決を得た。

メープルソープの写真は、被写体が露骨でハードコアなサドマゾ的活動を行っている際ですら、しばしば美しく、高度に様式的である。彼の主張は彼自身が同性愛者だという広く知られた知識によって理解しやすくなったかもしれない。あるインタヴューで、彼はどのように猥褻を使用し、同時にまたそれを超越したいかを説明した。

それはポルノグラフィでありながらもなお、それを埋め合わせる社会的価値を有するものでありうる。それは両者でありうるのであり、それが私がこうするすべての核心である——ポルノとしての全要素を備えていながら、しかしなお、それが何であるかを超越する明暗構造を有している。

しかしながら、『チャタレー夫人の恋人』とメープルソープの裁判の双方によって提起された問題は、芸術的価値の判断は、ある本、画像、映画、パフォーマンスが検閲されるべきか否かの決定要素であるべきかどうかである。

最もリバタリアンなアプローチは、すべての芸術的検閲は誤りだと論じるものである。この見解によると、芸術性があろうがなかろうが芸術家は自分たちが挑戦したいことに何でも挑戦し、自分が適切だと思うことは何であれ自己表現する自由をもつべきである。この立場は、正当化するよりもスローガンとして力説する方が容易である。とりわけ子供の性的な画像の領域においては、そう言える。子供がそうした画像の製作過程で危害を加えられた場合、それを言論の自由の問題に関連づける必要はない。しかし、メープルソープ事件のように子供が身体的危害を加えられていない場合ですら、多くの人々(私もその一人である)は小児性愛の倒錯的妄想を刺激するリスクは、芸術的自由の代償として支払うには高すぎると感じるだろう。とはいえ、こうした画像がどれだけ不快と思われようと、許容されるべきだと考える人々もいる。あなたが好きな芸術を許容するのは簡単である——あなたが言論の自由について真剣であるか否かの本当の試金石は、あなたがきわめて不快で非常に侮辱的だと考える芸術を、許容する覚悟がある場合である。むろん寛容は、検閲以外の反対行動は排除しない。

著書『エロティシズムと芸術』で本事例に言及した際、歴史家アリス・マホンはこの写真が大恐慌を惹き起こしたことに驚いたようだ。

——モデルのロージーが、展示の際には二三歳の成人女性で自分の肖像写真にまったく問題を感じず、彼女が経営するロンドンのノッティングヒルのレストランに喜んで展示していたという事実にもかかわらず。

しかしながらモデルの実際の回顧的同意はここでは問題ではない。実際にロージーが成人し、この広く複製された画像を深く恥じるようになったケースを想像してみよう。彼女はこの画像が製作された時点では、写真撮影にインフォームド・コンセントを与えられる年齢ではまったくなかった。彼女は撮影過程で身体的危害を加えられてはいないものの、もし彼女がこの画像が公共の場で陳列されることによって深刻なトラウマを受けたら、それは心理的危害に相当しうる。後年彼女がこの写真を不快と思うより、誇りに思うようになるとメープルソープには知り得なかった。こうした事例における同意の可能性の不存在は、本人同意の下で撮影された成人の画像とは大きく異なる。

美しく撮影され熟練の手で現像された四歳の少女の性器の写真は、現在でも小児性愛者を容易に興奮させうる写真であり、それを公共の場で陳列することはまた、四歳少女のスカートの中を性的な目で凝視することは社会的に許容可能であるという思想を、間接的に伝達するかもしれない。この理由で私はこの展示を容認しない。過度に性的な行為の写真を含む展示という文脈を前提とするならば、『ロージー』に性的ほのめかしは存在しないと主張するのは不誠実であろう。様々な種類のセックス行為中の人々の写真と並べて展示されたことで、性的な読み方がなされるのはほぼ不可避になった。この画像を製作し展示した芸術家の動機を疑問視するのは理に適っている。また、こうした画像陳列の蓋然的効果を心配するのも正当である。この写真やこうした他作品につきまとうリスクは、私にはあまりにも高く、それゆえ疑問視する利点があると思われる。実際、芸術表現とこの画像の価値ゆえ、他の考慮は免除すべきという見解には、何かしら不快なところがある。あたかも芸術的考慮は常に道徳的考慮に優先するかのようだ。

リベラルな言論の自由擁護者の大半は、表明された思想について中立的な言論の保護(それらが危害を助長する地点まで）に関心を集中する形式的原理に賛成する。とはいえ、たった今述べた事例では、当の作品の芸術的価値は関連性があると考えられた。もし裁判所がロレンスの著書あるいはメープルソープの画像が全面的に芸術的価値を欠いていると証明したならば、それらが禁止されていた可能性は高いだろう。しかしなぜ芸術的価値が問題とされるべきなのだろうか？

一つの回答は、芸術作品はそれが記述あるいは描写する何らかの思想を表明し具現化するというものである。この見解によると、ポルノ作品の目的はレンズの前にあるものに対して率直であることだ。ポルノは一種ののぞき趣味である。対照的に、表面的にはポルノに類似した芸術には常に主題に対する解釈と想像的営為とが介在している。スーザン・ソンタグが論じたように、それは彼女が「ポルノ的想像力」と呼ぶものを描き出すかもしれない。たとえば小児性愛者や性的サディストを描いた小説におけるように。

『チャタレー夫人の恋人』は読者をただ性的に興奮させるようには書かれていない。メープルソープの画像は、たんなるポルノとして製作されたのではなく、様式性を備えた美として見られるべく、また古典美術と同じ性質を持つものとして意図されたのである。この種の議論によると、これらの作品が観る者や読者に提供する反省的理解や性格の提示の可能性が、これら作品をポルノを越えたものにし、異なった取り扱いを受けることを可能にするのである。小児性愛者によって撮影された四歳女児の写真は、明らかに一種の虐待を構成するだろう。この議論によると、メープルソープはその芸術性ゆえ、性的刺激の対象ではなく、むしろ無垢と美に関する画像を製作できたのであり、したがって小児性愛者とは異なった取り扱いを受けるべきなのである。とはいえこの種のアプローチの実際的な困難は、芸術家とエロティック美術を保護する原理の保護の下で働きたい小児性愛者とを区別することにある。

芸術を保護された領域として取り扱うことに賛成するもうひとつの主張は、芸術はその本質上、異論を招来する真剣で重要な挑戦を提供する試みである、というものだ。芸術的自由への制約は、この見解からすると、われわれの文化を生き生きと自己省察的で自己批判的にし続けている、まさにそうした人々の創造性を抑制するがゆえに、とりわけ有害である。

しかし、このアプローチは言論の自由に対する思想の自由市場アプローチとはまったく正反対である。それは表現のある領域が、他の領域を越えて保護されるべきだということを前提としている。この種の検閲の免除は、人々の宗教的感情を侮辱する芸術の領域においても主張される。この点に関する議論については二つの事例で十分である。二つとも侮辱的だと考えられた。アンドレス・セラーノが十字架に架けられたキリスト像に自らの尿を浴びせ、その写真を『ピス・クライスト』とした時、多くのキリスト教徒は、この故意に挑発的な作品を大いに侮辱的だと感じた。実際、合衆国上院議会では、この芸術家の作品が公共の基金を獲得していることの適切性について質問がなされた。『ピス・クライスト』を嘲笑した人々の中には、セラーノは芸術家ではないと主張した者もいた。これはおそらく間接的に、芸術は検閲からの特別な保護に値するという主張を承認していることになる。

同様に、一見クリス・オフィーリの一九九六年のマリア像は侮辱的でないように見えるのだが、処女マリアの右の胸は象の糞から作られ、背景はポルノ雑誌から切り取られた肉体各部の写真で飾られている。ここでも、多くのキリスト教徒はこの作品を侮辱的だと考えた。それが一九九九年にブルッ

図9 アンドレス・セラーノ『ピス・クライスト』

クリン美術館の『センセーション』展の一部として搬入されたとき、当時ニューヨーク市長だったルドルフ・ジュリアーニは、この明白な冒瀆と性的に露骨なイメージの強力なコンビネーションに激怒した。彼はそれをとりわけローマカトリック教会への攻撃と理解し、この作品ゆえに同美術館への公的資金七〇〇万ドルの支払いを見合わせると脅迫した。とはいえその後、彼はこの発言撤回を余儀なくされるのだが。

芸術界の多くの人々は、芸術を検閲しようとするこの試みに強い衝撃を受けた。美術館はこの種の批判を免除されるべきだと彼らは主張した。しかし、検閲されたのが芸術であるという事実ではなく、検閲行為自体が不正である、という主張はもっともである。文明社会において侮辱する自由は保護されるべきだが、芸術を特別な事例とし、それが芸術だという理由だけで検閲から保護する、正当な理由は存在しない。

第5章 インターネット時代の言論の自由

インターネットはすべてを変えたのか？

ジョン・スチュアート・ミルは一八五〇年代に執筆したが、言論の自由に関する彼の著作は、今日でも依然としてこの問題のほぼすべての議論の出発点である。コミュニケーションにおける計り知れないほど大きな技術的変化が、それ以降に起こった。インターネットはわれわれの世界を変革した。それはEメール、ブログ、ポッドキャスト、ビデオポッドキャスト、チャットルーム、あるいはビデオゲーム『セカンドライフ』のアバターといった様々なかたちで、コメントを民主化し、メッセージの到達範囲を猛烈に拡大し、人々に新たな思想と新たな相互交流の方法を開放した。

かつて出版社や新聞の編集者が、より広い公衆へのアクセスの入口を警備していた場所で、今日では市民ジャーナリズムが興隆し、インターネットの接続とごく基礎的なコンピューター知識を持った者ならばほぼ誰でも、自分の発言を統制する介在者なく、きわめて多くの聴衆に送り届けることができる。言論の自由の未来は、個人が政府によってインターネット使用を許可されるそのあり方（そして市民がそれをどう使用するかに対し政府が統制を行使する際の実際的限界）に結びついたものでなければならない。実際、インターネット時代に政府が表現の自由を制限できるかどうかは重要な問題である。しかし政府がこの点で大きな変化を起こせないとしても、こうして表明された思想の拡散が人類にとってよいものかという道徳的問題は残る。インターネットに付随して特別な危険は存在するのだろうか？

インターネットのいくつかの危険性

リチャード・ポズナーは、無責任な言論の危険性を拡大すると思われ、それゆえ言論の自由をどう考えるべきかに影響を及ぼす、この新たな情報拡散手段の特徴を四つ挙げた。

・匿名性

インターネットにおいてはユーザーとコミュニケーションの製作者とが匿名でいることが可能である。これは児童ポルノやヘイトスピーチのような虚偽、違法、危険な資料の製作、創造、消費をはるかに容易にする。

・**質的コントロールが存在しないこと**

ほぼ誰もがほぼ何でもインターネットに投稿できる。これは本、雑誌、新聞が印刷に回る前に、不正確で人を誤誘導する情報が出版システムによってフィルターにかけられ、あるいは弁護士の要請によって削除される従来の出版とは非常に異なる。インターネットでは、確証のない断言が、しっかりと調査された記事と同じくらい簡単に公表できる。実際、うらみつらみをしばしば誹謗中傷的なかたちで表明するためだけの、いわゆる「愚痴サイト(Gripe Sites)」というジャンルが成熟しているくらいである。しばしば確証を欠いているかまったく虚偽のセレブに関する噂がウイルス的にブログ上に増殖している。こうした見解が新聞紙上で表明されたら、それらのほとんどは法的圧力によって抑制されていたことだろう。

・**潜在的聴衆の膨大さ**

インターネットは世界中の何百万人もの潜在的読者、視聴者にアクセスを提供している。このことは言論によってもたらされる危害を拡大する可能性がある。

・**反社会的な人々が心の友を見つける**

奇矯、奇妙、破壊的で危険な考え方を持った人々がインターネット上ではきわめて容易に互いを見つけられる。過去であればそうした考え方の持ち主は社会的に孤立していたのが、今日ではチャットルームやウェブサイトによってつながり、こうした人々は「自分たちの思想を表明するだけでなく、信じる者たちのコミュニティーへの所属によって自信を深め、それに基づいて行動するほど大胆になっている」。

匿名性は、ポズナーが記すように、必ずしもこの媒体の永久的な側面ではない。それは経過的な特徴かもしれない。それでもなお、それは現在の特徴である。このことには実際的な含意がある。すなわち、インターネット上のある種の表現を制限することはきわめて困難であり、資料の作り手と利用者を特定するのはもっと困難である。非良心的な方法を進んで用いようとする人々にとって、跡をたどられるリスクが伝統的な思想公表の方法に比べて低いため、インターネットは世界中で意思疎通する自由を大いに増大した。何らかの見解がきわめてヘイトに満ち、あるいは暴力を誘発しそうなため、理想的には検閲されるべきだとわれわれがたとえ考えたとしても、この検閲を実行するには実際的に深刻な困難が存在する。道徳的観点からわれわれは暴力の誘発を非難したいが、しかし実際的には、われわれには彼らのインターネット上の表現を阻止できないかもしれない。検閲が実際に不可能なら、われわれはこの種の表現によって惹き起こされる被害を最小化する方法を発展させる必要がある。

二番目の質的コントロールの欠如について。これは急速に変化している。多くのウェブサイトが質的コントロールを行っている。そのことがそれらの名声と読者獲得の基本である。また、質的コントロールが、通常は大学やBBCや『ニューヨークタイムズ』のような信頼ある組織や公共団体との提携によって、著名サイトによる保証というかたちで公表後になされることもしばしばある。『アーツ・アンド・レターズ・デイリー』(www.aldaily.com)は高品質な資料へのリンクをまとめ、読者に入手可能なものをより分け、かくして文芸誌に相当するものを創り出している。ポズナーが記すような、現在のかたちの質的コントロールの欠如は、おそらくインターネットの経過的な側面なのだろう。しかしその帰結として、伝統的な出版メディアによっては頒布されなかったであろう数多くの潜在的に有害な断定的主張が、すでに広く頒布されている。思想の自由市場を信頼する人々にとって、表現の多様性と広範さはその媒体のよき帰結である。だがその他の人々にとって、これは新技術の憂慮すべき産物である。人道的諸問題に関する情報の迅速な拡散を可能にしてくれる同じ媒体が、自殺、爆破事件を助長するためにも、あるいは映画スターの私生活に関する虚偽かつ有害な噂を、是正回復する機会ほぼなしで拡散するためにも利用できるのである。

三番目の、思想や画像の潜在的聴衆の膨大さは、確かに出版の効果の可能性を拡大する。私は自宅から自分のブログにほぼ無料でメッセージをポストでき、それは地球の反対側にいる人々に数秒内に見つけられ、読まれ、反応される。これはインターネットの主たる利点であると同時に、確かにその憂慮すべき側面でもある。こうした迅速性と広範性のコストは、ポズナーが指摘するように大きいのかもしれない。「新聞に一度たりとも手紙を掲載してもらえないバカ者が、インターネットでは何千人、いや何百万人もの人々に、ほぼ無料で接触することができるのだ」

これが意味することは、有害な言論が歴史上のどの時代にも増して危険でありうるということである。その点は否定できない。しかし、反応を速やかにほぼ同数の読者に公表できる可能性が、ある程度これへの反論になるだろう。言論は反論に出会え、いかなる論争においても、可能的参加者の排除ははるかに少ない。また、主流の従来型メディアにおいて可能だったよりも、もっと幅広い見解が表明されうる。

ポズナーの第四番目の指摘、すなわち危険で反社会的な人々が、見解を同じくする人々と結びついて互いの考え方を補強し合える、というのは確かに正しい。これまた真正の危害をもたらす大きな可能性がある。小児性愛者がそうして連帯しているし、テロリストもそうである。

通常、こうした人々の活動は明らかに違法である。しかしコミュニケーションの容易さと、似通った人々がお互いを見つけ合えるネットワークによって、直接暴力に至りうる結びつきが助長されてきた。これほど劇的ではないが、それでもなおきわめて深刻で、しばしば致命的な帰結として、十代の拒食症者たちが、減量と空腹の苦痛の克服法に関するアイディアを活発に交換し、細身という理想と食べることとの害悪に関する危険な理想を強化してきた。この種の事例のリスクは、拒食支持者のウェブサイトに傷つきやすい人々が惹きつけられることである。確かに、反社会的な人々が団結して力を持つことを可能とした同じ技術が、よき目的を持った人々が害悪と戦って議論し協力し合うことを可能にするのも事実である。それでもなお、完全に自由なコミュニケーションを擁護する者は誰でも、このアプローチの帰結がどれほど重大でありうるかを熟知する必要がある。この種のリスクを考慮して、インターネット・サーヴィス・プロヴァイダー(ISPs)は、アクセスを可能とするコンテンツに対して法的責任を持つべきだと主張する者もいる。しかし、もしこのアプローチがとられれば、コミュニケーションの迅速性、開放性という利点の多くは消滅してしまうだろう。究極的には、こうした状況での正しい判断は、きわめて複雑で常に変化するコスト・ベネフィット分析に基づかねばならない。また、その分析はインターネットが実際にどのように利用されるか、発展途上の技術を前提として何が可能か、異なった活動の実際の帰結はどうなりそうかを考慮したものでなければならない。

『日刊Me』？

キャス・サンスティーンはインターネットと関連技術が言論の自由に及ぼす影響について、別の懸念を提起している。言論の自由が民主主義に対してもつ意義は、部分的には公衆が広範な話し手や見解にアクセスできることである。その根底にある前提は、自分と異なった見解との出会いを通じて、公衆は自分自身の信念に関心を集中し、自分が関心をもつ諸問題への批判的関与を展開するということである。様々な立場への接触なしには、個々人の見解は独善に陥ってしまうかもしれない。彼らは自分の見解に異論の余地があり、あるいは広く嫌悪されていることにすら、気づかないかもしれないのだ。

サンスティーンは、種々雑多な人々からなる社会がうまく機能するためには、人々は自分から選り好んで読んだり聞いたりはしないような資料に触れるべきだと主張する。すなわち、

人々が自分からは探求しなかったであろう、おそらくは実に腹立たしいと思いすらするような話題や物の見方を含む予期せぬ出会いは、民主主義、そしてまた自由それ自体にとってすら、中心的なものなのである。

これは熟議民主主義が機能するためには、市民たちは自分に関心のある問題について省察し議論できるだけでなく、自ら選出した代表に説明を求めることも要求できなければならない、という考え方と関連している。また、言論に反論で応える伝統が機能するためには、反論は傾聴されねばならない。とりわけ話し手が向かって話している人々によって。

インターネットはわれわれが受け取る情報に対し、高度に選択的なアプローチを促進する。われわれは知りたくないことは何でも遮断できる。さらにこれをわれわれの関心、好き嫌いを認識するソフトウェアで自動的に行うこともできる。原理的に、各人はニュース、エンタテインメント、その他インターネットから受け取るあらゆる種類の資料を独自の趣味にあわせて編集できる。主題に関してだけでなく、書き手や送り手のスタンスについてもである。リベラルならばリベラルの見解に合ったニュースだけを聞けるし、レイシストはインターネット経由では、自らの見解に一度も挑戦されなくて済む。インターネット・ユーザーは毎日『日刊Ｍｅ』——個々人に対応した選集——を受け取ることになるだろう。もし多数の人々がこのように個人的に選別されたかたちで他者の思想へアクセスするようになったら、健康な民主主義の条件が揃わないことになる、とサンスティーンは述べる。これは個々人にあらかじめ決められたかたちでのインターネット利用を強制することに賛成する議論ではない——それは許容できないパターナリズムの一例となろう。しかし、インターネットはあなたが聞きたいことだけを聞くリスクを悪化させるのである。

サンスティーンへの返答として、われわれは皆、思想への接触に自分なりのフィルターをかけているのだ、と主張することができる。私は人種差別主義者の雑誌を定期購読していないし、ホメオパシーに関する本も読まない。私は編集方針に共感できる新聞を購読しており、広い意味で私と意見の多くを共有する人たちとつき合っている。インターネットでものを読む際、コンテンツのほとんどが無料であるため、またアクセスが非常に簡単であるため、さらに主題に関する記事を並べる検索エンジンの中立性のおかげで、実際私はインターネットがなかった場合に読んでいたよりも、はるかに幅広い意見を読んでいる。また、インターネットが思想のたんなる消極的受容よりも対話を促進するため、ブログのコメント機能やチャットルームでの議論その他を通じて、私がブログに何か議論を呼ぶようなことをポストするといつも、反論というカテゴリーに入るコメント、つまりまったく異なった信念の持ち主からの反応を受け取ってきた。これは逸話的な回答にすぎないが、しかしインターネットがいかに知性を狭めるかというサンスティーンの懸念には、人々がインターネットを利用する際、実際にそのとおりかを証明する経験的研究が必要である。

子供に対するパターナリズム

インターネットのさらに憂慮される側面は、すべての付随的リスクの中でも、たとえばポルノ的な資料への子供のアクセスや、見知らぬ他人と交流するリスクをコントロールすることを非常に困難にする点である。これもまたこの媒体の移行期的側面なのかもしれない。おそらくは近い将来、もっと洗練されたチャイルド・コントロールの手段がこうしたリスクを軽減するだろう。しかし現在では、ある種のサイトを児童保護のために禁止することには、たとえそれが成人の言論の自由を制限するとしても、理由があるだろう。たとえば、すでに述べたように、若者たちが減量法に関するアイディアを交換し、最終的には死に至るような身体に関する誤った見解を再確認できるようにしている親拒食症、親自己加害サイトやチャットルームは数多く存在する。多くのポルノサイトは子供たちにもアクセスが容易である。この種のサイトが成人の使用に限られるならば容認に賛成する議論は存在するだろうが、子供に対するパターナリズムは全面的に適切である。もし子供や青少年がこうしたサイトにアクセスすることを禁止する簡単な方法があるなら、それがよい解決法だろう。しかしそういった信頼できる手段がないのだから、一番最悪でない選択肢はおそらくそうしたサイトを禁止し、それらが子供たちにきわめて重大なリスクを及ぼすという理由で利用不能となるよう、強力な行動を起こすことだろう。

他人の文章や画像の流用

インターネットの存在はまた、著作権法が課する言論の自由の制限への懸念も前面に押し出してきた。これらは何百年にわたって、他人の文章を許可なく利用することの禁止(あるいは多くの場合は支払い)であった。著作権は、著者が著作物に対する経済的報酬を受け取る必要と、彼らの作品の利用者の必要との妥協である。著作権法は時代や国によって異なるが、その結果、出版すること、話すこと、演じることが違法である文章が数多く存在している。これは潜在的には言論の自由の制限である。とりわけ、もしあなたが作家で、他人の著作物をコラージュしたいと思っている場合、あるいは現代の脚本家の作品を公共の場で許可なく上演したいと思っている場合には。

近年では、デジタル技術が可能にした他人の著作物の再使用・再ヴァージョン化の容易さから、自由に関する新たな問題が提起され、他者の作品のより自由な使用を可能とする著作権法改正のためのキャンペーンが起こっている。

T・S・エリオットの詩『荒地』は、自作の行と「盗んだ」行とを組み合わせていることで有名である。新たな文脈がそれらの行に新たな意味を与え、場所と詩を過去へと結びつける。それはしばしばアイロニーを伴っている。エリオットにとって、偉大な文学が過去の文学の上に成り立ち、それを利用するものであることは明白であった。あらゆる著作物の意味は部分的には他の著作、とりわけ今ではもはや故人となった、特定の伝統を構成する人々の著作との関係から生まれてくる。詩の実践において、エリオットはさらに前進してこの伝統の断片を自作の詩の中に埋め込み、出典を示すために脚注をつけ加えたのである。

ウィリアム・シェイクスピアは歴史的資料からプロットを利用し、あるいは同時代人のアイディアに基づいて構築した。音楽家はしばしば他の作曲家から引用する。視覚的コラージュはしばしば他人々の創作作品の再利用であるが、その結果は典型的には新たな作品である。芸術のほぼすべての形態において、偉大な創造者は先行者の作品に基づき、それらを再使用している――時にはわからないように、だが多くは露骨に。実際、選択的引用はポストモダニズムが主として用いる修辞である。多くの人々の信じるところ、これが芸術の進化の仕方なのだ。さらに、芸術は自由を必要とする領域である――個々人が遵法という境界を拡張する場である。あらゆる制約は芸術的進歩の分枝の可能性を切り取ってしまう。こうした過去の再利用のほとんどは適切である。しかし創作者が意図的に、先行者でなく自分がその文章を創作した、という印象を与えている場合には、道徳的非難に値する。

ポストモダン芸術は少なくともT・S・エリオットの『荒地』がそうだったくらいに、寄せ集め的で折衷主義的である。ある極端な事例では、芸術家シェリー・レヴィンはウォーカー・エヴァンズによる有名な写真を、彼の作品の展示カタログから再撮影した。レヴィンは自作のプリントを展示し、それは基本的にはエヴァンズの写真の複製であった。これらの画像の使い方はエヴァンズのそれとはだいぶ違っており、作品に幅広いアイディアを提供している、と彼女が主張することもできるだろう。実際、ほとんどの批評家たちは、この種の公然たる流用は、写真のオリジナリティ、製作者、真正性という概念へのポストモダン的批評として見るべきだと論じてきた。この限りにおいて、彼女は原則的には概念的芸術家である。しかし、彼女の作品は、現在では皮肉にも主要美術ギャラリーに収蔵されているのだが、明らかにウォーカー・エヴァンズによって撮影されたオリジナル画像に寄生的に依存している。実際、その寄生性こそが、それが何ものかにおいて本質的なのである。

言論の自由vs著作権

しかし他人の文章や画像を再使用するには、法的(倫理的にも)制約があるかもしれない。すべての文章ではない。エリオットが『荒地』で流用した、たとえばシェイクスピアの文章の多くは、著作権が消滅してすでに長い。われわれは人間シェイクスピアをたいして知らないが、しかし彼が七〇年以上前に亡くなっていることを知っており、したがって彼の作品がすべてパブリック・ドメインにある、すなわち誰でもそれを自由に利用してよい、ということを知っている。それらを再文脈化することで、エリオットはそれらに新たな意味を与えたが、読者は出典を見きわめることを期待されていた。それらの文章をエリオット自身のものとして送り届けようという試みは存在しなかった——たとえ文章の著作権が切れていようと、それでは剽窃である。

しかし、作品の著作権が存在する場合、言論の自由には広範な法的制約が存在する。著作権は思想の表現、すなわち用いられた特定の言葉(あるいは画像)を保護する。しかしそれは、思想それ自体は保護しない。これは重要な区別である。これが意味するのは、あなたには誰か他人の言葉を話したり書いたりする自由はないということだ。とはいえあなたは多くの状況で、それらを言い換えるのは自由である。思想は別の言葉でも表現できるが、権利者の許可なしに公然と長い引用はできない。

英国では作品が書かれるとすぐに、自動的に著作権で保護される。したがってもし私がアパートで小説を書き、それを引き出しに入れて忘れてしまったとして、あなたがそれを見つけ私の許可なしに刊行したならば、あなたは私の著作権を侵害している。私がそれを登録していなかったとしても、他の誰にも見せていなかったとしても、それは私の知的財産として法的保護を受ける。

しかし私の小説に対する私の権利は、私があなたにその刊行を許可するかどうかをコントロールする権利に及ぶだけではない。私の許可なくそれを読んでも、あなたは私の著作権を侵害していることになるだろう。その作品を何らかのかたちで変更しても同様である。あるいはそのコピーを有料で人に貸しただけでも同様である。

私はまた、自分の作品に関して「道徳的権利(moral rights)」と誤って名づけられたものも持っている。「道徳的」と呼ばれるが、これは私がこの作品の著者として持つ法的権利である。

・**帰属の権利**。その作品の著者として認定される権利を含む。
・**同一性の権利**。これは自分の作品が誹謗中傷的な改作や取り扱いをされない権利である。

もし私が他人の文章(あるいは画像)を使って、おそらくはそれをコラージュしたり上演したり、あるいはウェブサイト上にカット・アンド・ペーストすることで自己表現したいなら、それはできない。少なくとも著作権の侵害で訴えられる危険なしには。これは言論の自由のあまり頻繁に議論されない側面の一つであるが、インターネットとデジタル・メディアの時代にますます重要性を増してきている。カット・アンド・ペースト機能はワープロ機能の標準仕様であり、ごく小さい子供でも上手に操作する。手で持てる大きさのデジタル写真複写機、デジカメ、スキャナーその他は、他のクリエイターの作品の再使用を、文字通り児戯に等しいくらい簡単なことにしてしまう。しかしほとんどの国の法律は他人の知的芸術的労働の再利用を、その結果がいかに創造的であろうとも、禁じている。

これには例外もある。たとえば、フェア・ディーリングの観念によって、イギリスでは批判や批評目的の選択的引用が許されている。米国にはもっと広範なフェア・ユースの観念がある。しかしこうした例外は、典型的には他人の作品の相当量の利用を許さない。たとえアクナレッジメントがなされていてもそうである。また、詩や歌詞の領域では、一行の引用でも侵害となりうる。二〇〇三年以降、英国における調査および個人研究目的でのフェア・ディーリングは、商業活動にはまったく拡大していない。言い換えれば、あなたが作品をこのように利用して商業的利益を得たら、フェア・ディーリングに基づく著作権法の例外を主張できないということだ。これが実際に意味するのは、たとえば伝記作家は、没後だいぶ経った対象者の手紙の内容を公表しようとして挫折させられるかもしれないということである。手紙にまだ著作権が残っていると仮定すると、作家の財団が、刊行される作品内でそれらを利用できるか否かを決定できる。伝記作家は、主題となる人物が実際に使った言葉を自由に使用できない。著作権がそれを禁止する。そしてこの制限は、当の人物の死亡の時から七〇年続くのである。

著作権法改正運動

インターネット時代の知的財産に特別に関心を持つ法学教授ローレンス・レッシグは、著作権法の再考を求める情熱的な主張をしている。われわれは特殊な新しい状況に置かれているのだと彼は主張する。コピーとコラージュがこれまでになく容易になったまさにこの時代に、そしてインターネットにアクセスできる誰もが再使用できる大量の作品を手にしているというのに、著作権法は頑迷にも著作権保持者の利益保護期間を延長した。利用者の権利を優先するレッシグその他の人々にとってとりわけ腹立たしいのは、合衆国におけるいわゆるソニー・ボノ判決であった。同判決は作者の死後も著作権が継続する期間を延長した。レッシグは知的財産が共同使用できる世界を創り出すことを熱望している。

そもそも著作権法の存在を正当化する理由は、それが作り手と出版社の利益を保護し、また、創造的活動によって金銭を稼ぐことを可能にすることで創作者の創造意欲を刺激することにある。これは二つの集団の利益間の実際的な妥協である。著作権なしには、作家や芸術家が生計を立てることは非常に困難になるだろう。創造活動の誘因のほとんどが消えてなくなってしまう。

しかし著作権法は全面的に作り手側にのみ有利に偏向すべきではない。立法者が目指したのは、作り手と他の権利保持者(たとえば出版社)の利益と利用者の利益のバランスをとることである。利用者は自分たちの生きる時代の思想や芸術作品にアクセスできる必要がある。また彼らの多くは、それらの作品を部分的ないし丸ごと再使用できるよう望むだろう。英国や欧州諸国では、文学の著作権は作者の死後七〇年間、その作家の財団が所有し、その後パブリック・ドメイン入りする。これはいかなる基準からしても過剰であり、主としてEU法が、死後著作権期間が最長の法律(ドイツ法)を全ヨーロッパ立法の基本とした結果である。換言すれば、七〇年というのは何らかの道徳的根拠、あるいは創造性の誘因を提供する理由に基づく、容易に正当化されうる数字というよりはむしろ、異なった法制度の調和の一環としての実利的妥協の一例である。

言論の自由を擁護する者はローレンス・レッシグらの、文学および他の創作作品の保護を最小化し、それらの可能な利用を最大化しようという、いわゆる著作権左派運動(CopyLeft movement)の仲間入りをすべきなのだろうか？　これは現存する著作権法のラディカルな解体を必要とするだろうし、作家と出版社双方の経済的利益に食い込む可能性がある。

帰結主義者にとって、この議論の基底にある問題は、他人の文章の使用の自由の増大が現状の著作権ないしその何らかの修正物よりも大きな利益をもたらすか否かである。穏健な立場は、既存の著作権法に微調整を施し、他人の文章や画像を使用する自由を現在よりも多く認めはするが、それでもなお多くの作家や芸術家たちにきわめて重要な経済的誘因を提供する、より公正なバランスのとれたものにすることだろう。これはおそらく、他人の文章の創造的再使用のための一連の例外を含むことになろう。このような改正は実現も監督も難しいだろう。ラディカルな立場は、再使用に関する法的制約をすべて廃止し、知的財産の性質を転換する。そうすれば一つのアイディアの表現は、ただちにパブリック・ドメインに置かれることになる。

利用者の立場、また可能な限り最大限の言論の自由を追求する者の立場からすれば、ラディカルな立場は魅力的に見える。確かに、すべてのアイディアが自由に流通し、インターネットによってアクセス可能になった方が、人類のためにはよいだろう。それで創造性が爆発させられる、とこの主張は続く。近過去の偉大な作家たちの作品を好きなだけ踏み台にし、コラージュし、リプリントする作家としての自由を想像してみよう。アイディアとその表現は確かにわれわれが有する偉大な共有遺産であり、それらにアクセスできる人々とそれを利用する自由が増せば増すほど、よりよいのだ。

しかしながら、この実行に関連して相当の問題が存在する。多くの人々は、ラディカルなアプローチには書かれたテキストの生産と流通の経済的基礎を完全に崩壊させてしまうリスクがある、と信じている。たとえば写真のような、様々な種類の画像についても同じことが言える。多くの作家は何らかの報酬のために書いている。同様に、多くの写真家たちは写真の著作権使用料で収入のほとんどを得ている。もし自分の作品の再使用から直接金を稼ぐ機会が消滅したら、主たる潜在的収入源が消滅することになる。この種の経済的誘因なしには、多くの作家は執筆をやめるか、もっと少ししか書かないことを余儀なくされるだろう。経済的には、作家という職業は平均賃金よりはるかに少額しか稼げない者が多い、不安定なものである。

ここにさらに一つの主張がある。自然的正義に基づく主張である。なぜコラージュ作家は、他人の知的労働からこれほど利益を得なければいけないのか？ 物質的財産の領域では、所有権者は普通（公共の歩道が自分の土地内を横断するような特殊ケースを除き）、一般大衆に自分の財産の自由な使用を許す義務はない。どうして知的財産ではそうではないのか？ 知的財産は典型的には製作労働の誘因である。知的財産と物質的財産で違う取り扱いをする、もっともな理由は存在するのか？ 一つの主要な相違は、知的作品に関しては無数の同時使用が可能であるが、たとえば一軒の家を同時に誰もが占有できるわけではない、というものである。本書を同時に読める人々の数に、明確な限界はない。とりわけ電子書籍として配布された場合には。一人の使用は他者の使用を妨げない。

著作権と関連した言論の自由の問題は、本書で論じられた他のトピックとは非常に異なっている。他のすべての場合には、広範な言論の自由の推定が存在し、言論の自由のいかなる制限も正当化を要する。著作権法の場合、創作者と利用者の利益のバランスをとる問題には、歴史的に進化した現実的な解決策が存在し、これは言論の自由に優越するように思われる。ここでの推定は著作権に有利で、他人の文章や画像を利用したい人々のための言論の自由には不利である。

インターネットがどのように進化しようと、われわれは言論の自由にとって興味深い時代に生きている。印刷物の時代に発展した過去の妥協は、もはや持続不能なのかもしれない。新技術はすでに、人々が地球規模でコミュニケートする機会を、以前には想像もできなかったほど可能にしている。中央からの統制をバイパスする数多くの方法が存在するとき、検閲と言論の制限はますます実現困難になっている。ジュゼッペ・ランペドゥーザの言葉を借りれば、「われわれが物事に今あるままで留まってもらいたいならば、物事は変化しなければならない」

結論

言論の自由の未来

『国家』のプラトンは、言論の自由の厳格な制約に賛成して論じた最初の哲学者の一人であった。彼が記述する理想社会では、表象的芸術の入り込む余地はない。彼の主要な主張の一つは、表象ないしミメーシスの堕落効果である。プラトンにとってわれわれが認識する現実とは形相、すなわち現象の領域の背後にあるイデア、すなわち普遍的型、完璧な世界の不完全な反映である。私が見ているベッドは、通常の視覚ではなく哲学的省察によって到達可能な普遍世界に存在する「ベッド」の観念ほど完璧ではない。特定のベッドの表象は、それ自体が「ベッド」の形相の不完全な反映である何ものかの描写なのだから、必然的に不完全である。プラトンは理想国家の理想的支配者である彼の哲人王を、実在に関する判断を脆弱化させるかもしれないすべてのものから保護しようとした。絵画芸術は現実からは何段階も懸隔があり、必然的に実在を歪曲するものであり、こうした脆弱化のリスクがあり、それゆえ排除された。

しかしプラトンのユートピア国家において、哲人王の現実把握を脅かすものは絵画だけではなかった。ある種の言論、とりわけある個人が邪悪な登場人物役を引き受けるような詩は、やはり堕落的であり、有害な効果ゆえ同様に禁止されるべきである。つまりプラトンにとっては、哲人王の教育の方が言論の自由よりも重要だった。そして彼の判断を純粋で正確なものに保持する唯一の方法は、彼を潜在的に有害な影響から遠ざけることだったのだ。

プラトンの反表象論は、今日では信奉者をほとんど見いだせないであろう風変わりな形而上学に依拠しているが、プラトンの後継者たちは潜在的に有害な言葉や画像を目にしたら、いつでも検閲する用意がある。

カール・ポパーは一九四〇年代のファシズムの影の下で執筆しながら、『国家』におけるプラトンの思想の全体主義的性格を指摘した。これが同書全体の正確な特徴づけか否かはともかく、それはプラトンの言論の自由の制限の性質を捉えている。

ここにはある程度の皮肉がある。プラトンの師であり英雄であったソクラテスは、アテナイ国家が反対した問いかけをしたために、裁判にかけられ死刑に処せられた。彼は反民主主義の議論によってアテナイの若者たちを堕落させたと言われた。彼はまた人々に誤った神々の崇拝を勧めた。後のイエスのように、彼の言葉は脅威と認識され、当然にも死によって沈黙させられた――彼の場合はヘムロックを飲み干すことで。しかし、たとえ沈黙をつづけて余計な口出しをしないという条件で死刑執行を免れたとしても、ソクラテスは思想を議論する自由を、自らの命よりも重視したことだろう。

ソクラテスは静かに自分のことだけにかまって暮らす人生を選ぶよりも、進んで死んでいった。プラトンの対話編『ソクラテスの弁明』で、彼はこれから自分に死を宣告しようという人々に向かって

図 10　毒杯を仰ごうとするソクラテスを描いたジャック＝ルイ・ダヴィドの絵．ソクラテスは，自分自身のことだけをして何も論争的なことを言わずに生涯の残りを過ごすよりも，死ぬ方がよいと判断した．

演説する。

「ソクラテスよ、君はここを立ち退いてから、沈黙して静かな生活を送ることはできないのか、」と。これこそは諸君のうちのある人を納得させるに何よりも困難な点である。すなわちもし私が、それは神命に背くことに外ならない、またそれ故にじっとしていることは私にとって不可能である、というならば、諸君は真面目でないとしてそれを信じないであろう。もしまた私が、人間の最大幸福は日毎に徳について、ならびに、私が自他を吟味する際それに触れるのを諸君が聴かれたような諸他の事柄について語ることであって、魂の探求なき生活は人間にとり生甲斐なきものである、というならば、私の言葉は諸君にいっそう受取り難いであろう。諸君、それにもかかわらず、それは私のいう通りなのである。ただしかしそれを諸君に信じさせることが容易でないのである。

今日の政府の一部は、ソクラテスの精神よりもプラトンの精神に共感的であるように思われる。すなわち、彼らは表現を統制することで、結果を統制したいのである。言論の自由の未来は不確かである。もし民主主義にとっての言論の自由の中心性を認めるなら、おそらくわれわれは、ある地点で頑強に踏みとどまり、誰かを侮辱するおそれから自分自身を検閲しようとする圧力に、身を委ねないでいるべきである。英国における国防、侮辱に対する宗教的感受性といった他の価値のために言論の自由を進んで犠牲にしようとする政府の最近の姿勢は、憂うべき兆候である。それは民主主義の正当性にとって、そしてまた個々人の自由にとっての、広範な言論の自由の価値に関する議論が、権力の座にある人々にあまり重視されていないしるしである。しかし、この自由に対するあらゆる制限は道徳的に異論の余地があるという、誤った言論の自由のレトリックに説得されるのは簡単だが、そうではない。時にわれわれは他の考慮により重きを置き、他の価値をより優先させる必要があるのだ。たとえば、ある種の過激なポルノは、言論の自由の傘の下に身を隠すことを許されるべきではない。とはいえ、たとえば児童の保護に言論の自由よりも重大な重要性があるのはなぜかについて、われわれは明確でいる必要がある。また、われわれがどこに線を引きたがっており、それはなぜかについても明確でなければならない。

言論の自由は、象牙の塔の抽象的討議のためだけの問題ではない。それとは正反対に、ヘレナ・ケネディが書いたように……

言論の自由は民主主義の核心的価値の一つであり、それは大いに擁護されなければならない。なぜそれは民主主義にとって核心的なのか？　すでに述べた一つの見解はロナルド・ドゥオーキンが支持するものである。それは、民主主義政府はその市民に何であれ議論したいことを自由に議論することを許さない限り、正統性を主張できないとする。

言論の自由は正統な政府の条件である。法と政策は民主的過程を経て採択されたのでなければ正統ではないし、何人であれ、法と政策がどうあるべきかに関するその確信を表明することを政府が妨げたならば、その過程は民主的ではない。

少なくとも、民主主義社会において選挙権者が十分な知識に基づいた選択をしようとするなら、幅広い見解に接触する必要がある。この点が本書を通じて私が強調してきたテーマである。インターネットはコミュニケーションを民主化する。少なくとも、それに接続する余裕がある人たちにとっては。世界中のかつて無いほど多くの人々が、互いに話し、そして聞いてもらうことができるようになった。抑圧に反対して声を上げる者が沈黙させられたとき、この沈黙に関するニュースは、史上かつてない規模で世界の他地域へと伝わってゆく。将来、言論の自由への寛容は、何らかの原理に基づいた決定というよりは、むしろ主流メディアの周囲にあまりにも多くの方法があるせいで、大量の声を沈黙させることが実際的に困難になった結果になるかもしれない。しかしこの結果に必然性はない。また、市民のインターネット上の知識へのアクセスを、ありとあらゆる技術的手段を用い、懸命に統制している国もある。

図11　1933年に実権を掌握した直後，ナチはドイツじゅうの都市で大かがり火を焚き，「退廃的」な作家の本を焼却した．焚書された作家はカフカ，マルクス，フロイト，アインシュタイン，マン，リルケ，ヘミングウェイらである．

レイ・ブラッドベリのディストピア小説『華氏四五一度』は、部分的には一九三〇年代のナチの焚書にインスパイアされたものだが、同書の主人公の職業は書物の破壊である。この書名は紙の引火温度を指している。厄介な思想の排除は人生を単純化する——この想像上の未来において、安逸な幸福を妨げるものは何であれ焼却される。誰かが侮辱的と感じたものは何でも灰となって消滅する。最終的に、人々は自分たちが何かを失ったとはまったく気づかない。これもまたもうひとつの可能な未来である。

訳者あとがき

本書の著者のナイジェル・ウォーバートン（Nigel Warburton, 1962–）はケンブリッジ大学で博士号を取得した英国の哲学者である。広くダウンロードされている哲学のポッドキャストであるwww.philosophybites.comをデイヴィッド・エドモンズ（David Edmonds）と共同で運営している。ウォーバートンは本書の原書が出版された二〇〇九年にはオープン大学の哲学上級講師だったが、その後二〇一三年に大学の運営方針への不満から辞職し、現在はフリーの著述家として活躍している。著書としては、

『哲学の基礎』（講談社）
『入門　哲学の名著』（ナカニシヤ出版）
『思考の道具箱――クリティカル・シンキング入門』（晃洋書房）
『哲学と対決する！』（エドモンズとの共著のインタビュー集）（柏書房）

がすでに邦訳されている。これらの書物はすべて哲学の入門書だが、彼はまた本書のような社会・政治哲学、また美学の分野でも著書を発表している。

本書はオックスフォード大学の定評ある“Very Short Introduction”シリーズの一冊として出版されたもので、その名の通り分量が短かく、文章も明晰で読みやすいが、単なる入門書にとどまらない深く掘り下げた議論や独自の考察を含んでいる。

著者は第一章で言論・表現の自由に関する今日の争点を概観してから、第二章でその自由を擁護する古典的な議論としてミルの『自由論』の「思想の自由市場」論を検討する。ミルの主張は理性的な真理探究の自由を擁護する議論としてはすぐれているが、表現というものをあまりに理性主義的にとらえているという問題がある。著者はそれから第三章から第五章で、宗教的感情やポルノグラフィや著作権やインターネットの急速な発達といった、表現の自由の制約を正当化する可能性を持つテーマを取り上げる（ただし著者が取り上げていない重要なテーマとして、個人のプライヴァシー及び国家機密という考慮もあげられよう）。著者自身の立場は表現の自由を重視するものではあるが、それは原理主義的な擁護ではなく、ポルノや著作権との関係である程度の制限を認めるものである。表現の自由というテーマについて知ろう、考えよう、とする読者にとって、本書は今日における絶好の出発点になるだろう。

なお本書の原題にもなっている“free speech”という英語は、訳文の中で多くの場合「表現の自由」というよりも「言論の自由」と訳したが、この点については本文の五―七ページを参照されたい。

表現の自由に関する書物として、本書の文献案内にあげられたもの以外にも日本語で読める文献は少なくないが、中でも、

奥平康弘『「表現の自由」を求めて――アメリカにおける権利獲得の軌跡』(岩波書店、一九九九年)
市川正人『表現の自由の法理』(日本評論社、二〇〇三年)
毛利透『表現の自由――その公共性ともろさについて』(岩波書店、二〇〇八年)
阪本昌成『表現権理論』(信山社、二〇一一年)
ジェレミー・ウォルドロン『ヘイト・スピーチという危害』(みすず書房、二〇一五年)

などが近年の本格的な研究書で、いずれもアメリカの「表現の自由」理論の詳細な検討を含んでいる。また言うまでもないが、多数存在する憲法の概説書・体系書の中の表現の自由を扱った部分も日本の判例や理論状況を知るために有用である。

訳文は森村たまきが草稿を作り、森村進がそれに手を入れ、最終的には両者の話し合いで確定した。この訳書の刊行にあたっては岩波書店編集部の伊藤耕太郎さんに大いにお世話になった。記して感謝する次第である。

二〇一五年一一月

訳　者

境界から世界を見る
――ボーダースタディーズ入門
ディーナー ヘーガン
川久保文紀 訳
四六判二二二頁
定価二四二〇円

表現の自由
――その公共性ともろさについて
毛利 透
A5判三七〇頁
定価六二七〇円

インターネットの憲法学 新版
松井茂記
A5判五〇二頁
定価四四〇〇円

図書館と表現の自由
松井茂記
四六判二七〇頁
定価二九七〇円

名誉毀損
――表現の自由をめぐる攻防
山田隆司
岩波新書
定価八五八円

原理の問題
ドゥオーキン
森村進 鳥澤円 訳
A5判四八六頁
定価七二六〇円

岩波書店刊
定価は消費税10%込です
2021年6月現在

ナイジェル・ウォーバートン（Nigel Warburton）
1962年生まれ．英国ブリストル大学卒業，ケンブリッジ大学ダーウィン校で哲学博士．フリーランスの哲学者．哲学史や哲学入門，哲学者へのインタビューなどの著作に定評がある．

森村 進
1955年生まれ．一橋大学名誉教授．法哲学．著書に『法哲学講義』，『自由はどこまで可能か――リバタリアニズム入門』，訳書にロナルド・ドゥオーキン『原理の問題』（共訳），デレク・パーフィット『理由と人格――非人格性の倫理へ』など多数．

森村たまき
1964年生まれ．中央大学大学院法学研究科博士後期課程修了．法学修士．現在，国士舘大学非常勤講師．訳書にロスバード『自由の倫理学』（共訳），P. G. ウッドハウス「ウッドハウス・コレクション」シリーズなど多数．

「表現の自由」入門　　ナイジェル・ウォーバートン

2015年12月22日　第1刷発行
2021年 6 月 4 日　第3刷発行

訳 者　森《もり》村《むら》 進《すすむ》　森村《もりむら》たまき

発行者　坂本政謙

発行所　株式会社 岩波書店
〒101-8002 東京都千代田区一ツ橋2-5-5
電話案内 03-5210-4000
https://www.iwanami.co.jp/

印刷・理想社　カバー・半七印刷　製本・中永製本

ISBN 978-4-00-024525-8　　Printed in Japan

人名索引
（本文のみ）

あ 行

か 行

さ 行

た 行

な 行

は 行

ま 行

ら　行

裁判事件索引
（五十音順）

表現の自由：年譜

399 BC

瀆神とアテナイの若者を堕落させた罪で告発されたソクラテスは，自らの見解の表明をあきらめるよりは死んだ方がいいと言った．彼は死刑を宣告されてヘムロックの毒杯をあおった．

1633

ガリレオの『二大世界体系にかんする対話』がウルバヌス八世によって禁書とされた．ガリレオの地動説の正当性は証明された．

1644

ジョン・ミルトンの『言論・出版の自由(アレオパジティカ)』が刊行された．ミルトンは無認可の印刷を擁護した．

1689

ジョン・ロックの『寛容に関する書簡』が刊行された．ロックは広範な宗教的寛容を説いたが，無神論にまではこれを適用していない．

1791

アメリカ合衆国憲法第一修正．言論の自由を制約する立法を連邦議会に禁じた．

1859

ジョン・スチュアート・ミル『自由論』刊行．本書は言論の自由を擁護したきわめて影響力の大きい第二章を含む．

1919

オリバー・ウェンデル・ホームズ・ジュニア判事が〈シェンク対合衆国〉事件において，言論の自由に優先しうる状況との関連で「明白かつ現在の危険」という言葉をはじめて用いた．

1933

5月10日．ナチスがドイツの多くの都市で焚書を行った．焚書された作家はマルクス，フロイト，カフカ，ヘミングウェイらである．

1948

世界人権宣言が採択された．ここには言論の自由が含まれる．

1960

英国の『チャタレー夫人の恋人』裁判で，ロレンスの同書が猥褻であるか否かが調査された．評決は刊行可能とした．この結果，英国においてかつてないほどの出版の自由がもたらされた．

1977

ロンドンで『ゲイ・ニュース』の編集長デニス・レモンが，キリストを同性愛者として描いた詩の掲載を冒瀆的として罰金刑を科され執行猶予となった．

1989

イランのホメイニ師がサルマン・ラシュディに対するファトワーを宣言した．彼の著書『悪魔の詩』がブラッドフォードで公然と焼却された．同書の日本語翻訳者〔五十嵐一・筑波大学助教授〕は殺害された．

2000

デボラ・リプシュタットと版元のペンギンがデイヴィッド・アーヴィングに対する名誉毀損訴訟に画期的勝利を収めた．アーヴィングはリプシュタットにホロコースト否定論者と描写されたとして，彼女を訴えていた．

2004

映画『サブミッション』のテオ・ファン・ゴッホ監督の殺害．脚本を執筆したアヤーン・シルシ・アリは脅迫された．

2005

デンマークの新聞『ユランズ・ポステン』が12枚の漫画を掲載．そのほとんどにムハンマドが描かれていた．その結果，多くの国で暴力的抗議が起こった．

出 典

第1章

R. Dworkin, 'The Right to Ridicule', *New York Review of Books*, 53/5(23 Mar. 2006).

T. M. Scanlon on 'Ethics Bites' podcast. This podcast and transcript are available from www.open2.net/ethicsbites/

A. Meiklejohn, 'Freedom of Speech', in P. Radcliff(ed.), *Limits of Liberty: Studies of Mill's* On Liberty(Belmont, CA: Wadsworth, 1966), pp. 19–26.

J. S. ミル『自由論』(1859)(岩波文庫, 1971年;光文社古典新訳文庫, 2006年, 他).

オリバー・ウェンデル・ホームズ・ジュニアの, 言論の自由は混雑した劇場で「火事だ!」と叫ぶ自由を含むべきではないという所見は, G. Edward White, *Oliver Wendell Holmes Jr*(Oxford: Oxford University Press, 2006) より引用. ホワイトはホームズはその後の事例で「明白かつ現在の危険」基準を適用する際完全に一貫的だったわけではないと指摘する.

ホームズの, 特別な状況では自由の特別な制限が正当化されるという宣言は, '*Schenck v. United States* 249. U. S. 47(1919)', in R. A. Posner(ed.), *The Essential Holmes*(Chicago, IL: University of Chicago Press, 1992), p. 315 から引用.

「真理の最善のテスト」に関する引用は, G. Edward White, *Oliver Wendell Holmes Jr*(Oxford: Oxford University Press, 2006), p. 110 から.

CPS からのスー・ヘミングは BBC のウェブサイト http://news.bbc.co.uk/2/hi/uk_news/6235279.stm より引用.

第2章

J. S. ミル『自由論』の引用はペンギン版(1974)によった.

デイヴィッド・アーヴィングが反論した文章は *Denying the Holocaust: The Growing Assault on Truth and Memory*(Harmondsworth: Penguin, 1994), p. 181 にある.

裁判官のコメントは D. Lipstadt, *History on Trial: My Day in Court with David Irving*(New York: HarperCollins, 2006), pp. 274–5 にある.

カルガリー発言の引用は Lipstadt, *History on Trial*, p. 84 から.

アラン・ダーショヴィッツの発言の引用は Lipstadt, *History on Trial*, p. 304 から.

「そちらの業績一覧には結構なことかもしれませんが」の引用は R. Dworkin, 'The Right to Ridicule', *New York Review of Books*, 53/5(23 Mar. 2006), p. 281 から.

第3章

P. Tatchell, *New Humanist*, 117/3(Autumn 2002).

Stewart Lee, podcast *Thought for the World*, 23 February 2007, www.thoughtfortheworld.org/media/2007-02-11_stewartlee.mp3

L. Appignanesi(ed.), *Free Expression is No Offence*(London: Penguin in association with PEN, 2005)はローワン・アトキンソン，フィリップ・ヘンシャーと G. K. バッティの引用を含んでいる.

O. Kamm, 'New Labour: The Tyranny of Moderation', *Index on Censorship*, 36/2(2007), 84.

R. A. Posner, 'The Speech Market and the Legacy of *Schenck*', in L. C. Bollinger and G. R. Stone(eds.), *Eternally Vigilant: Free Speech in the Modern Era*(London: University of Chicago Press, 2002), p. 136.

アリのイスラム教の教えへの攻撃は A. H. Ali, *Infidel: My Life*(London: The Free Press, 2007), p. 314 から.

その他アリの引用は *The Caged Virgin: A Muslim Woman's Cry for Reason*(New York: Free Press, 2006), pp. 157, 141, and 154 から.

K. Malik, 'Don't Incite Censorship', *Index on Censorship*, 36/2(2007), 81.

第4章

ポルノグラフィの異論の余地のある定義として，C. MacKinnon, *Only Words*(London: HarperCollins, 1995), p. 87(柿木和代訳『ポルノグラフィ：「平等権」と「表現の自由」の間で』明石書店 , 1995)を見よ.

F. Schauer, *Free Speech: A Philosophical Enquiry*(Cambridge: Cambridge University Press, 1982), p. 181.

言論の自由の問題としてのポルノグラフィに関するマッキノンの引用は *Only Words* の x 頁，'desperate women' の引用は 14 頁，'living out' の引用は 13 頁にある.

B. Williams（ed.）, *Obscenity and Film Censorship: An Abridgement of the Williams Report*（Cambridge: Cambridge University Press, 1981）, p. 57.

「消極的自由」の引用は R. Dworkin, 'Liberty and Pornography', *New York Review of Books*, 38/4（15 Aug. 1991）から.

「リベラルはポルノグラフィを擁護する」は R. Dworkin, 'Women and Pornography', *New York Review of Books*, 40/17（21 Oct. 1993）から.

メープルソープは A. Mahon, *Eroticism and Art*（Oxford: Oxford University Press, 2005）, pp. 230–1 よりの引用.

第 5 章

R. A. Posner, 'The Speech Market and the Legacy of *Schenck*', in L. C. Bollinger and G. R. Stone（eds.）, *Eternally Vigilant: Free Speech in the Modern Era*（London: University of Chicago Press, 2002）, p. 150.

C. R. Sunstein, 'The Future of Free Speech', in L. C. Bollinger and G. R. Stone（eds.）, *Eternally Vigilant: Free Speech in the Modern Era*（London: University of Chicago Press, 2002）, p. 285.

結　論

ソクラテスの引用はプラトン『ソクラテスの弁明』37e－38b（岩波文庫の久保勉訳）.

H. Kennedy, 'Postscript', in L. Appignanesi（ed.）, *Free Expression is No Offence*（London: Penguin in association with PEN, 2005）, p. 246.

R. Dworkin, 'The Right to Ridicule', *New York Review of Books*, 53/5（23 Mar. 2006）.

もっと研究を深めたい人へ

言論の自由に関するインターネット上の文献に関する最新のリンクは www.vsi-free-speech.com で提供している.

言論の自由全般について

The A-Z of Free Expression (London: Index on Censorship, 2003) はこの主題の様々な側面に関する著者たちからの抜粋を集めている. ロナルド・ドゥオーキンの「新しい検閲の地図」も入っている.

Lisa Appignanesi (ed.), *Free Expression is No Offence* (London: Penguin in association with PEN, 2005) は言論の自由を擁護する著者たちによるきわめて興味深いエッセイ集. 英国での宗教的嫌悪感に関する立法提案に刺激されて編まれた. 寄稿者はサルマン・ラシュディ, ローワン・アトキンソン, フィリップ・ヘンシャー, フィリップ・パルマン, マイケル・イグナティエフ, ハニフ・クレイシ, アダム・スミス, ヘレナ・ケネディ. 同書は PEN と共同で刊行された. PEN は世界各地で, とりわけ作家と芸術家のために言論の自由を擁護する団体である. PEN について詳しくは www.englishpen.org. を参照.

Eric Barendt, *Freedom of Speech*, 2nd edn. (Oxford: Oxford University Press, 2005). メディア法の教授によって執筆された同書は, 法的, 憲法的問題に取り組むが, 政治/哲学思想も論じている. 同書はおそらく現在入手可能な言論の自由に関する最も網羅的な研究である. 本書中でとり上げられたほとんどの主題(および, もっと多くの主題)について, もっと詳細な説明を提供している. 重要判例に関する議論も収録.

Lee C. Bollinger and Geoffrey R. Stone (eds.), *Eternally Vigilant: Free Speech in theModern Era* (Chicago: University of Chicago Press, 2002) は第一修正に関するきわめてすぐれたアンソロジー. スタンリー・フィッシュ, リチャード・A. ポズナー, フレデリック・シャウワー, キャス・サンスティーンらの論稿を含む.

Alan Haworth, *Free Speech*（London: Routledge, 1998）は，言論の自由に関する幅広い哲学的考察がなされている．

John Durham Peters, *Courting the Abyss: Free Speech and the Liberal Tradition*（Chicago: University of Chicago Press, 2005）は英米の言論の自由の伝統に関する近年の研究である．

T. M. Scanlon, *The Difficulty of Tolerance: Essays in Political Philosophy*（Cambridge: Cambridge University Press, 2003）は，言論の自由に関するいくつかの重要な論考を含んでいる．

Frederick Schauer, *Free Speech: A Philosophical Enquiry*（Cambridge: Cambridge University Press, 1982）は言論の自由に関する明確でゆきとどいた論稿．今日の議論においても重要である．